Isaac Barbosa Ramos

El valor del perdón

SELECTOR
actualidad editorial

SELECTOR
actualidad editoria

Doctor Erazo 120 Colonia Doctores México 06720, D.F
Tel. 55 88 72 72 Fax. 57 61 57 16

EL VALOR DEL PERDÓN
Diseño de portada: Carlos David Bustamante Rosas

Copyright © 2003, Selector S.A. de C.V.
Derechos de edición reservados para el mundo

ISBN-13:978-970-643-854-6
ISBN-10:970-643-854-8

Sexta reimpresión. Julio de 2006.

Sistema de clasificación Melvil Dewey

153
B116
2003

Barbosa Ramos, Isaac. 1974
El valor del perdón / Isaac Barbosa Ramos.--
México: Selector, 2003.
136 p.

ISBN: 970-643-616-2

1. Psicología. 2. Métodos para lograr el bienestar
personal.

Contenido

Capítulo 4 Los errores más comunes en torno al perdón

Capítulo 5 Los espacios que necesita el perdón

Capítulo 6 El diálogo y el perdón

Capítulo 7 El perdón verdadero sí existe

Capítulo 8 Ejercicios

Capítulo 9 Un poco de teoría

Conclusión

Prólogo

Estás por iniciar un recorrido por tu interior, de la mano de un psicólogo reflexivo y sensible que busca llevarte a la salida de los laberintos que con tanto empeño los humanos nos diseñamos en cada fase de nuestra vida.

Claro, podemos vegetar toda la vida abrumados o presos en telarañas de rencor, enojo y desagrado. A todo nos acostumbramos y con el tiempo llegamos incluso a actuar "como si nada" obstaculizara nuestra alegría y bienestar. Somos presas de nuestra trampa y aprendemos a conformarnos con una calidad de vida que dista mucho de ser la que en realidad merecemos.

Enfrentar cualquier situación puede resultar doloroso, confrontativo y costoso. Por ésta y más razones, muchos optamos por vivir "a medias", por respirar superficialmente y por decidir a corto plazo, sin penetrar en el molino reflexivo de la superación.

En su libro Isaac propone una especie de autoanálisis, un recorrido sigiloso, pero a la vez audaz, por las entrañas de nuestros miedos, gustos, rencores, corajes, enojos y resentimientos. Confía en las capacidades y potencialidades de cada quien como ingredientes suficientes para iniciar el viaje que lleva al encuentro con una paz y estabilidad interiores, posibilitando una vida sana y amable. Para el autor, cada situación que enfrentamos y saca de balance tiene remedio, tiene solución; es una oportunidad. Debemos convencernos del efecto de **nuestros** actos sobre **nuestra** vida y la percepción del mundo. Sólo en ese momento podremos emplear efectiva y eficientemente la energía transformadora, producto de la reflexión, introspección y autogestión.

El poder curativo emocional y psicológico está en el interior. Cualquiera puede activarlo al proponérselo. Implica una jornada larga y ardua, pero gratificante, pues no sólo implica mayor calidad de vida solucionar un problema específico en nuestro camino, sino que al enfrentar con actitud positiva y asertiva nuestros obstáculos aprendemos de nosotros y nos volvemos mejores seres sociales, capaces de dar más y recibir más, de comprender al otro, de perdonar. Todos enfrentamos barreras. Se trata de acomodarlas, manejarlas y desmenuzarlas para convertirlas en elementos productivos que permitan reformular nuestros alcances. Hay que reconstruirlas para transformarlas en senderos, en avenidas.

Es cuestión de percepción, no sólo de visión. El camino lo hemos trazado y parcialmente recorrido.

El autor alude a nuestra capacidad para dar nuevo sentido y significado a acciones y actitudes que hemos tenido hacia nosotros y hacia otros, y lo más importante, que hemos formulado y "vendido" a los demás. Propone una revisión de esquemas y de cómo etiquetamos al prójimo, a las personas de quienes nos quejamos y de quienes afirmamos han dañado nuestro camino de manera desfavorable. Para Isaac no hay imposibles. Sí hay estrategias distintas, pero requieren diversos niveles de apoyo y sustento, con diferentes cantidades y calidades de valor y procesamiento.

No hay razón para anular esta facultad y cederla a una persona externa, como un psicoterapeuta. Él afirma y reitera su convencimiento de que cada persona tiene la plataforma para labrar su sendero y pulir sus asperezas. Corresponde a cada lector medir fuerzas, medir su contexto y potencial, para decidir sobre la acción conveniente, ¡no hay recetas!

Isaac recurre al lenguaje interno, al diálogo que retrata lo profundo, que codifica emociones y sensaciones, que transmite el verdadero sentir. Este lenguaje se encarga de frasear de manera fecunda los asuntos estorbosos, replantearlos y buscar una conciliación con el yo interior.

Cualquier viaje resulta más seguro si hay un itinerario, una guía que indique caminos y brinde sugerencias. Nos gusta pasarla bien, ¿o no? La lectura de este libro funciona como un asesor, un consejero que invita al análisis metódico, a través de la reflexión, el descubrimiento y el deseo de independencia y de éxito. Señala al "insight" como motor de los cambios y condición para el surgimiento de la energía positiva que está estacionada, lista para ser empujada o despertada con la varita mágica adecuada. Isaac se ha esmerado en construirla. ¡Adelante y bienvenidos!

Gina Zohn

¿De dónde evadirse y para ir a dónde?
Las respuestas estereotipadas son: evadirse de la realidad
para ir al límite de lo que no puede ser (de lo que nunca pudo ser,
de lo que ya no puede ser, de lo que aún no puede ser
o de lo que para mí no puede ser).

La infancia recuperada,
Fernando Savater

La libertad, Sancho, es uno de los más preciosos
dones que a los hombres dieron los cielos;
con ella no pueden igualarse los tesoros
que encierra la tierra ni el mar encubre:
por la libertad, así como por la honra,
se puede y debe aventurar la vida;
y, por el contrario, el cautiverio
es el mayor mal que puede
venir a los hombres.

El ingenioso caballero don Quijote de la Mancha,
Miguel de Cervantes Saavedra

Introducción

El perdón es un tema que ha sido abandonado por la psicología como objeto de estudio. Ninguna escuela de psicología plantea al perdón como un elemento clave en el desarrollo de las personas; más que eso, ni siquiera se menciona porque se deja como una experiencia que corresponde al ámbito de la religión. El autor cree, sin embargo, que la experiencia del perdón debe ser parte fundamental, si no el núcleo, de un proceso psicológico necesario para lograr la sanación que buscan las personas que se acercan a la psicoterapia.

Ahora bien, la mayoría de nosotros jamás se detiene a pensar en la calidad de relaciones interpersonales que tenemos; damos por hecho que una relación determinada es buena o mala porque sí y según nuestro estado de ánimo en el momento de tal *apreciación*, esto sucede por la razón siguiente: ninguna relación entre personas es *buena* o *mala* todo el tiempo; hay momentos *buenos* y *malos* y consideramos que es normal porque *así tiene que ser* y porque así sucede con todo el mundo, según hemos aprendido.

Pero si es normal, ¿por qué algunas relaciones se deterioran al grado de que terminan rompiéndose?, ¿por qué si es normal, nos sentimos mal cuando las cosas no andan bien?, ¿por qué sentimos frustración, impotencia, angustia, culpa, dolor, tristeza y remordimientos?, ¿sentir todo esto es acaso algo normal?

Esto es normal porque también lo hemos aprendido; llegamos a creer que las relaciones se reparan solas y cuando fracasan es porque ése era su destino. Una gran mayoría de adultos viven por el solo hecho de que están vivos, pero no van más allá, no se preguntan si pueden hacer algo para sentirse realmente **VIVOS**. Esta mayoría atribuye los fracasos al destino, a la mala suerte o al castigo de Dios; así como los triunfos al azar y a la buena fortuna. No sabe, o no quiere saber más bien, que está en sus manos el poder de dirigir su vida por el rumbo que decida.

Esta mayoría comete errores sin considerar que pueden ser sus mejores oportunidades de aprendizaje; espera que las cosas cambien un día o se conforman con que todo siga igual, o se lamentan si algo se dificulta. Esta mayoría es atenida, espera a que otros actúen por ella, permanece al margen, criticando, juzgando, a veces estorbando y casi siempre quejándose, justificándose y culpando a otros de lo que pasa.

Esta mayoría cree que el perdón tiene que ver con una enorme capacidad de olvido; lo que lo convierte en un suceso imposible. Creen también que el perdón es producto de una iluminación repentina y que uno no tiene nada que ver con ella; se convierte al perdón en un don al que muy pocos tienen acceso.

A grandes rasgos, el perdón no es un don, ni se relaciona con la capacidad de olvido de las personas. El perdón tiene que ver con lo que uno desea para su vida. Perdonan las personas que quieren hacerlo y no perdonan las que no lo desean. Así de sencillo.

Pero ¿qué sucede para que haya personas que sí perdonan mientras otras no lo hacen?, ¿qué es lo que marca esta diferencia enorme? La diferencia radica en el proyecto de vida de cada quien: se opta por la irresponsabilidad, la vanidad y la soberbia, o por apertura, dignidad y planeación.

El perdón no es resultado de una acción gratuita y espontánea, ni algo maravilloso, repentino y mágico; es la culminación consciente de un proceso complejo que se inicia si lo que buscamos es perdón en nuestra vida.

El perdón se encuentra al final de una búsqueda en la que primero buscamos soluciones a problemas diversos, sean éstos viejos o nuevos.

Al principio de esa búsqueda sólo hay soledad, frustración, ira, resentimiento... cuando todo desaparece, el perdón asoma y brilla un poco, porque oculto, entre tanto escombro emocional, mental, necesita ser pulido.

Este libro le ayudará a encontrarse con el perdón y a sacarle brillo: usted decidirá si se lo queda, si quiere vivirlo, o si lo tira nuevamente al rincón oscuro donde lo tenía escondido.

Porque el perdón más que ser "algo" tangible, es un estilo de vida proyectado con responsabilidad; en la medida en que uno se compromete con sus ideales y se apropia de sus emociones y conciencia, aprende que mientras mejor se vive, menos se lastima. Esto implica que mientras más torpe sea uno en el manejo de sus sentimientos, más lastimado se sentirá a lo largo de la vida. No saber manejar los sentimientos adecuadamente es el principal problema, la causa generadora de conflictos y heridas en las personas.

Este libro comenzó hace mucho tiempo y es sucesor de uno ya publicado (*Aprender a perdonar*, 1997); me decidí a ampliarlo, corregirlo y mejorarlo sustancialmente, al grado de escribirlo de nuevo en su totalidad, porque me he encontrado con muchas personas que buscan el perdón, pero no saben cómo encontrarlo; quiero compartir mi manera de hacerlo con todas ellas y mostrar las pistas que están siempre allí, esperando ser descubiertas y a las que casi nunca queremos ver.

Cuando algo ya no es útil o no nos sirve lo más probable es que lo desechemos de la forma más fácil e inmediata: echándolo a la basura; en ocasiones creemos que nosotros no servimos y, si pudiésemos hacerlo, seguro que ya nos habríamos arrojado a la basura, coléricos, en esos momentos de ira y frustración terribles que nos cierran el entendimiento, o en aquellos de dolor y decepción profunda; pero quién sabe cuántas veces más hubiésemos regresado para continuar con nuestro vicio desesperado de vivir, tal como lo hace el fumador adicto.

Seguro nos hubiésemos tirado al menos un par de veces al bote de basura, pero, nos inclinamos por la opción que nos queda muy a la mano e invertimos el proceso: recogemos mucha basura que se encuentra a nuestro alrededor y la depositamos sin más en nuestro interior.

Llamémosle basura a la idea preconcebida y mal aprendida de que somos personas de escaso valor, carentes de creatividad y dispuestas en un mundo en el que ya se ha hecho todo, en el que sólo nos resta acomodarnos y esperar el fin, sumidos en la más triste de las conformidades.

Llamémosle basura a esas ideas preconcebidas que nos dicen que somos inútiles, vacíos, estúpidos e incapaces.

Llamémosle basura a todas las ideas que nos impiden ser personas y que nos convierten en autómatas, en títeres de otros, en artilugios de un destino o de una suerte ya preconcebida e incambiable.

Llamémosle basura, en fin, a todas las ideas que nos castran emocional y espiritualmente, impidiéndonos ser las mejores personas.

Pero no todo es basura. Imagino que ha intentado ya en infinidad de ocasiones, desprenderse del peso de la culpa que situaciones pasadas no resueltas han dejado en usted; imagino que ya se cansó del sabor amargo de la derrota y la evasión, que ya está harto de no saber qué hacer para mejorar su relación con el mundo; entiendo que quiere sentirse más ligero emocionalmente hablando, que desea sentirse más vivo, menos comprometido con los atavismos culturales que le impiden desarrollarse.

No lo culpo por sentirse así, al contrario: lo felicito por su valor. Lo felicito porque el perdón se consigue cuando uno se lo propone y hay un propósito y un ánimo grande.

Permítame ser su amigo en este largo camino de autodescubrimiento novedoso, deje que lo acompañe en esos momentos de iluminación; déjeme estar a su lado cuando descubra que la puerta de salida a sus problemas estaba tan cerca y que era tan fácil de abrir. Y lo más importante a partir de este momento: conviértase usted en su mejor amigo, confíe en su capacidad, en sus dotes de ser humano, en su dignidad de persona, y en ningún momento se avergüence de la persona que es; al contrario, esté con la mejor disposición para amarse. En la medida en que lo haga, encontrará el amor a su alrededor y podrá ser y sentirse feliz y afortunado.

Preocúpese ahora por tener la disposición para

aprender nuevamente, porque si su búsqueda comienza hoy y su actitud es de apertura, descubrirá muchos elementos nuevos y útiles para su vida; elementos que tal vez antes no había podido ver y que hoy siguen en su interior y en el mundo inmediato que le rodea, esperando ser utilizados.

Pero sea precavido: si no hay cuidado, la vida de cualquiera de nosotros puede convertirse en un buscar o rebuscar sin saber qué es lo que buscamos, en un constante diálogo interior agresivo y denigrante.

Escribo este libro porque a lo largo de mi experiencia como terapeuta he podido observar que casi todas las personas que se acercan a la terapia psicológica acaban por darse cuenta de que tienen una necesidad enorme de perdonar o sentirse perdonadas, pero descubren también, con un alto grado de frustración, que no saben cómo hacerlo o por qué razón. Esta situación, novedosa y confusa para muchos, no es fácil de entender porque las consecuencias sobrepasan el entendimiento y los recursos de casi todas las personas, que literalmente deben luchar consigo mismas para entender y aceptar esta nueva realidad y sus implicaciones.

He decidido publicar este *Valor del Perdón* como una alternativa que proporcione las herramientas necesarias para encontrarse con el perdón y sanar las heridas del pasado y del presente.

Sin embargo el perdón ha sido malentendido y

desfigurado por infinidad de razones (que más adelante se describirán detalladamente), al punto de degradarlo y convertirlo en otras muchas cosas, menos en perdón. O lo que es lo mismo, casi todo el mundo sabe *hablar* de perdón y lo practica en apariencia, pero de manera tal que no efectúa ninguna acción de sanación que repercuta en beneficio del perdonante o perdonador.

El libro tiene al menos dos objetivos principales. Primero, deslindar al perdón de todos los atributos que no le corresponden y hacerlo objetivo, para que bien entendido se practique sin recelos y sin ambigüedad. Luego, se propone al lector un estilo de vida que le beneficie, al plantearse objetivos reales y las herramientas necesarias para conseguirlos (responsabilidad, autoestima, capacidad de diálogo, planeación de objetivos, tolerancia, manejo adecuado de la ira, proyección positiva, etc.), haciendo de su vida una vida más feliz y placentera.

El libro ha sido escrito de la manera más sencilla para que todos puedan conseguir el perdón. Doy la bienvenida al lector a esta aventura emocional muy personal, muy seria y, por supuesto, muy gratificante. Si así lo desea.

Diciembre 2002

1
El perdón que conocemos

Felicidad y sufrimiento

Al reflexionar sobre los argumentos que planteamos en este libro, hay que considerar dos preguntas:

1. ¿Por qué sufrimos?
2. ¿Por qué somos felices?

Consideremos que ambos cuestionamientos son excluyentes, es decir: cuando sufrimos no somos felices y que si lo somos entonces no sufrimos. Por lo tanto, la respuesta implica la lógica y que, al darnos cuenta de la diferencia, nos decidamos por uno u otro estado.

Todo el mundo estará de acuerdo en que –exceptuando a los sádicos y masoquistas– se desea lo menos posible el sufrimiento como parte de la vida. Más aún, creemos que se desea la felicidad. Ahora bien, es cierto que mucha gente que no quiere sufrir, sufre; que otra que quiere ser feliz no logra serlo y que otra que tiene motivos para sufrir sin embargo es feliz, situación desconcertante porque nosotros sufriríamos con tales motivos. Entonces la pregunta primera puede ampliarse a la siguiente: ¿por qué sufrimos si el sufrimiento es negativo e indeseable? En tanto que la segunda podría quedar así: ¿por qué somos felices sólo por unos cuantos momentos que casi siempre nos parecen insuficientes para considerarnos felices?

Para descubrir las respuestas a estos cuestionamientos hay que indagar en nosotros mismos. Inevitablemente nos toparemos con el perdón. Así pues, comencemos a responder a la pregunta más importante: *¿qué es el perdón y qué impacto tiene en nuestra vida?*

Al sufrimiento se le considera un bono adicional y gratuito de la vida. Muchos creen que la vida implica una dosis de sufrimiento. No lo discutiremos. Lo que pudiéramos discutir con nosotros mismos y de acuerdo con nuestra experiencia individual es: ¿de nuestro sufrimiento qué es inevitable y qué no lo es?, ¿qué podemos hacer para cambiar las cosas con nuestros recursos? ¿de lo que no podemos cambiar qué queremos aceptar, y qué no?, ¿y de todo esto, de qué podemos alejarnos y de qué no?

Decimos alejarnos de lo que nos hace sufrir porque parece la solución más sensata y accesible.

Refirámonos aquí a las relaciones con otras personas que no funcionan como quisiéramos: ¿podemos alejarnos de esas personas?, ¿queremos alejarnos? La decisión es nuestra. Por ejemplo: si la relación con un familiar cercano es insoportable, ¿qué estamos dispuestos a hacer para mejorar esa relación? En todo momento debemos pensar qué podemos hacer **NOSOTROS** para estar mejor. Sin embargo, puede ser que el otro no cambie, porque no pueda o no quiera hacerlo. Si es así, hay que terminar esa relación, o bien, llevarla con superficialidad –si no podemos amarnos, entonces no nos dañemos–.

El sufrimiento aparece cuando las cosas no son como las queremos. cuando no obtenemos lo que queremos. Cuando hay en nosotros un elevado nivel de frustración.

Si aprendemos a ser tolerantes a la frustración (jamás a la injusticia o corrupción) dejaremos de sufrir, porque la tolerancia nos dará el entendimiento necesario para comprender lo que todo el mundo debería saber: no podemos tener control sobre todas las cosas, así que no hay que dedicar nuestra vida y esfuerzos a cambiar lo que no podemos cambiar.

No quiere decir que al ser tolerantes nos convirtamos en apáticos y sufridos. No. Sencillamente abiertos, flexibles, dispuestos a perder de vez en cuando o a no obtener siempre lo que creemos merecer. Cuando se pueda qué bueno. Y cuando no, ya habrá una nueva oportunidad. S**i se entiende**

QUE SIEMPRE TENDREMOS UNA NUEVA OPORTU-
NIDAD, EL SUFRIMIENTO SERÁ COSA DEL PASADO.

En terapia uno se encuentra con personas cuyos resentimientos más arraigados son en contra de los padres (de los dos o de uno de ellos). ¿En qué sentido? En ocasiones los padres actúan de forma equivocada y los hijos pagan los platos rotos. Lo discutible es esto: MUCHOS HIJOS ESPERAN QUE SUS PADRES SATISFAGAN TODOS SUS DESEOS Y CAPRICHOS, QUE CUBRAN SUS NECESIDADES Y ANTOJOS. ¿Es esto posible? No. De hecho, los padres no tienen que pedir perdón por no poder cubrir las necesidades de los hijos, sean económicas o afectivas. LO QUE QUEREMOS DEJAR CLARO ES QUE LAS EXPEC-TATIVAS DE CADA PERSONA DEBEN SER CUBIERTAS POR SÍ MISMA Y SU TRABAJO.

La solución más radical y acertada es: LO QUE EL OTRO NO PUEDA DARTE, SEA TU MADRE, PADRE, HERMANO, ESPOSO O AMIGO, TIENES QUE CONSE-GUIRLO POR TUS PROPIOS MEDIOS Y/O CON OTRAS PERSONAS. SI SUFRES ESTANDO CON ALGUIEN, ALÉJATE. SI HAS DE VOLVER, REGRESA. SI NO, ENFRENTA LA VIDA CON VALOR Y DECISIÓN; EL SU-FRIMIENTO NO LO GENERAN OTROS, LO GENE-RAS TÚ MISMO. NADIE TE TIENE ATADO, SI NO VAS BUSCANDO ESTAR MEJOR, ES QUE ENTONCES NO ESTÁS TAN MAL.

Qué es el perdón

Si uno busca saber qué es el perdón, se topará casi siempre con una respuesta que tiene que ver con la desaparición de un castigo o la ausencia de la culpa que es causada por un pecado. Y aunque en la definición resulta sencillo de conseguir, en la práctica no es tan fácil, pues implica un proceso de entendimiento no tan breve y en ocasiones largo, según la gravedad de la cuestión a perdonar. En otras palabras, ya hemos escuchado en nuestra vida bastante sobre el perdón, pero nadie nos ha enseñado cómo perdonar, a no ser que nos han dicho que perdonar es olvidar las ofensas y poner la otra mejilla.

El perdón ha tenido que ver casi siempre con una experiencia de carácter religioso que implica la expiación de una culpa o un pecado. Se le ha matizado negativamente y su manejo se ha dado de tal manera que si queremos ser perdonados, debemos exponernos ante un tercero para ser censurados, condenados y sujetos a un castigo o penitencia. No es de extrañar que, el perdón pierda su efecto reparador, pues se asocia con una experiencia desagradable que implica desnudar nuestros pecados y errores ante otro que casi siempre es desconocido o distante a nuestra vida y que tiene el poder para perdonarlos, en el nombre de Dios.

Sí, hablemos de la confesión, sacramento que ha sido para la gran mayoría una manera de conseguir el perdón, aunque sólo una parte de él, la superficial. Se ha entendido con el tiempo que el perdón está ligado de algún modo con el pecado, ¿y a quién se le ha otorgado el *poder* para perdonar estos pecados? A un sacerdote, que con todo y su investidura no es *nosotros* y no puede saber qué nos motiva a equivocarnos o a *enderezar* el camino.

Nadie se ofenda: la confesión sí es un *acto importante* para quienes la practican y lo hacen de corazón, arrepentidos y con voluntad de cambio, aunque dicha acción no totaliza la experiencia de perdón ni garantiza mucho menos que se obtenga. Esto último debe llamarnos la atención y preocuparnos para entenderlo: *obtener el perdón implica que nos demos cuenta de que las acciones erróneas que cometemos con frecuencia y a las que en ocasiones llamamos pecados, según la gravedad, tienen consecuencias que van más allá de nuestros límites individuales.*

Confesarnos es una manera de obtener *un* perdón en nuestra vida. Es una manera de ser parcialmente perdonados, no nos lleva a obtener o sentir el perdón. Es una forma oral que casi nunca nos conduce a cambios de fondo y auténticos. Para muchos, la confesión es vivir el perdón como si se tratase de tomar un analgésico: hay que administrarlo para evitar el dolor (la culpa); al pasar el efecto habrá que volver a tomarlo, hasta que el efecto de **curación** se convierta sólo en una ilusión que nos deja vacíos y sintiéndonos mal, esto es: bien confesados, pero con grandes sentimientos de culpa.

Por otra parte, para muchos el perdón no llega jamás a convertirse en vivencia, porque no pasa de ser una palabra o frase más que se utiliza en el diario vivir para estar **bien** con los demás (discúlpame, excúsame, dispénsame, lo siento, no pensé, no lo vuelvo a hacer, no sé qué paso, se me olvidó, etc.). El perdón se convierte irrisoriamente en un verbo para jugar: yo perdono, él perdona, tú perdonas, nosotros perdonamos, ellos perdonan... y todo el mundo feliz... pero sin perdón. ¿Por qué? Porque el perdón no es una acción proyectada con un objetivo, ni va acompañada de la responsabilidad que debemos asumir cuando nos damos cuenta de que obramos errónea-mente y buscamos corregirnos ante nosotros mismos y ante quien hemos ofendido.

El perdón es en nuestra vida, una exigencia humillante. Es muy raro que nos demos cuenta de que es necesario pedir perdón por lo que hicimos o lo que dejamos de hacer. Por lo general, hay alguien externo a nosotros que nos aconseja, o nos solicita, o nos obliga a que pidamos perdón.

Así, el perdón es una palabra más, vacía y sin

sentido que utilizamos con profusión cuando nos interesa encontrar una salida rápida y sin compromiso en nuestros conflictos con otros. El perdón debería otorgarlo el agredido, a petición del agresor. Nos acostumbraron a pedir perdón de manera que sea muy difícil conseguirlo. O tan fácil, que conseguimos otros "beneficios", pero no perdón.

Usos principales de la palabra *perdón*

El perdón se vuelve un término engañoso y confuso, basta con pronunciarle para que mágicamente las cosas que no están bien se compongan y todo vuelva a la normalidad; aunque casi nunca sabemos qué es **normalidad** o es un estado aceptado de serena mediocridad. Esperamos que los cambios se den por sí solos, que el perdón se dé por arte de magia y nos sentamos a esperarle. Pero nunca llega.

El perdón se convierte en una especie de **borrador**. Uno que nos sirve para olvidar. Suponemos que si olvidamos se perdonan las ofensas y todo vuelve a ser como antes, pero, no hay nadie a quien se le olvide lo que ocurrió, aunque diga que ya lo ha perdonado o superado. Entonces, si se olvida no se perdona, y si se perdona no se olvida porque el perdón resulta consciente de lo que ha perdonado. Un juego de palabras, cierto, pero nos aclara que perdonar no es olvido y que olvido jamás es perdón.

El perdón lo utilizamos también como una forma de ceder, de darnos por vencidos en el juego de las relaciones humanas: debe haber siempre un ganador y un perdedor, si no, la relación no es válida. Pero si usamos al perdón como una forma de ceder para no seguir en conflicto, queda el inconveniente de sentirnos culpables y fracasados. Entonces tampoco hay perdón cuando cedemos, porque se manifiesta un sentimiento de humillación por parte del que cedió y uno de triunfo socarrón por el otro lado. Esta forma supuesta -y expuesta- de perdón, es más bien renunciar a la responsabilidad que implica invitar al otro para que asuma su compromiso y nosotros el que nos corresponde. Actuando con responsabilidad es como puede perdonarse, no sólo *cediendo, que no es sino una forma de agrandar la herida, el resentimiento y el deseo de venganza.*

El perdón también se usa para limar asperezas, no estar discutiendo o callarse y dejar el asunto en paz. Nuevamente, bajo estas condiciones de renuncia derrotista no se manifiesta el perdón, mientras el sentimiento de frustración e ira se congestiona en nuestro interior y espera una nueva oportunidad para salir mediante una explosión iracunda e ineficaz.

Otra forma común a las anteriores es una simple renuncia. Es preferible decir *ya estuvo bueno* no hay que hacer más. Todo se arregla con decir basta y punto. ¿Y por qué? Por comodidad, ya no hay que explicar nada, ni intercambiar ideas, ni sentimientos, ni ablandarnos. Pensar así es un error, porque nunca sucede de tal manera. El odio, la acusación, el resentimiento, se siguen acumulando hasta salir un día de golpe.

¿Sabemos quiénes somos?

Antes de continuar, es fundamental entender el proceso de perdón y para que sea efectivo, debemos saber quiénes somos. Es indispensable que conozcamos las razones y motivos que nos impulsan cada día a ser como somos. Es necesario que nos demos cuenta de que las acciones que realizamos son respaldadas por una serie de ideas, sentimientos y creencias que expresan con claridad nuestra personalidad, aunque no siempre estemos conscientes de tales manifestaciones. En el caso del perdón, por ejemplo, si no debemos tener sentimientos negativos en contra del agresor porque nuestra creencia religiosa lo prohíbe o lo censura, entonces nuestra acción exterior aparente y manifiesta perdonará, pero no porque así lo queremos, sino porque una idea interna nos detiene y aunque en apariencia perdonamos, lo hacemos sólo en el aspecto exterior.

¿Si no sabemos qué queremos, cómo lo buscaremos? ¿Si no sabemos a dónde queremos ir, cómo vamos a llegar? ¿Si no sabemos qué nos duele, cómo lo curamos? ¿Si no sabemos qué o a quién perdonar, o que nos perdone, cómo vamos a perdonar o a sentirnos perdonados?

Así, para responder los anteriores cuestionamientos, es necesario primero establecer y clarificar quiénes somos. Debemos saber qué herencia cultural, social, psicológica, religiosa, moral y emocional nos respalda.

¿Pero para qué? ¿Qué fin tiene saber esto?

Resulta que el perdón no es un acontecimiento producido por una suerte de generación espontánea; el perdón no es ni puede ser fruto de un acontecimiento automático que se da por sí solo. El perdón es un suceso consciente y premeditado que se materializa a partir de un deseo sincero de perdón por parte de la persona que desea perdonar.

Hay que partir de lo que *nosotros* hacemos, no de lo que otros hacen o dicen, o cómo nos ven otros. Hay que partir de la percepción que tenemos de nuestra realidad.

A continuación le voy a pedir un gran favor. Consiga una hoja de papel, una pluma o lápiz y escriba esta pregunta en la parte superior: ¿quién soy yo?

Enseguida anote todas las respuestas posibles que le vengan a la mente; si es necesario, tómese un tiempo, el que usted quiera, para terminar esta tarea; pero no deje de hacerla, es algo que quedará entre usted y yo.

Sensación, emoción y confusión

La tarea que dejé tal vez lo ha confundido, quizá le produjo indeferencia, o le ha parecido de poca importancia; sea como sea, le ha hecho sentir algo. Suponiendo que la realizó tal como se lo indiqué, ha sucedido algo en su interior, hubo pensamientos en usted; quizás el resultado más valioso es que se dio cuenta de que hay en usted una serie de valores que lo identifican. Hay quienes han dicho que somos lo que pensamos, y por qué no, lo que sentimos. Tienen razón: somos personas porque tenemos esa capacidad maravillosa de tener infinidad de pensamientos y sentir igual cantidad de emociones

Para no confundirnos, debemos distinguir entre una emoción y una sensación. La sensación se limita a percibir un estimulo que es captado a través de nuestros sentidos y procesado como información por nuestro sistema nervioso. La emoción va más allá, es el resultado del procesamiento que hace nuestro pensamiento de esa información sensorial que recibimos del mundo exterior y de nuestro cuerpo, como organismo físico. No podemos sentirnos derrotados porque el mundo nos envía una señal que nuestro cuerpo procesa e interpreta como fracaso; en tal caso, el fracaso es producto de la interpretación de emociones previamente procesadas, almacenadas y acompañadas de pensamientos. En este sentido, somos tan complejos que con facilidad nos confundimos y no sabemos si lo que *sentimos* es una emoción o una sensación. De cualquier manera, los estímulos del medio van a ser siempre los mismos.

En realidad, lo que nos importa y es interesante es el uso del lenguaje y la carga emocional con que lo utilizamos. Y es que el mundo de cualquiera se compone de palabras; palabras que se dicen, se escuchan, se escriben, se piensan, se omiten y se evitan.

Pues bien, todas las miles de palabras que existen tienen como función describir a su vez miles de objetos o situaciones, lo que las convierte en símbolos. Y esos símbolos que leemos o escuchamos, al procesarse en nuestra mente, marcan las pautas con las cuales nos conducimos diariamente en el mundo. Por tal razón, cuando leemos un letrero que dice *cuidado con el perro* inmediatamente nos alarmamos o tomamos las precauciones necesarias porque sabemos que en cualquier momento podemos toparnos con un perro.

¿Pero qué tiene que ver con el perdón? Bueno, el perdón también tiene sus múltiples significados y se emplea en situaciones concretas que son producto de otros significados. Veamos: si una persona desconocida se acerca a mí y me dice amablemente "hola", no voy a decirle que me pida perdón porque me ha saludado, le responderé quizá con la misma amabilidad; pero si otra persona lo hace diciéndome "hola, imbécil", es seguro que me voy a desconcertar, y si no le digo que me pida perdón, quizá me aleje sintiéndome ofendido o atemorizado. Así de sencillo es que a lo largo de la vida nos sentimos heridos. Escuchamos palabras que se cargan con agresión y nos sentimos mal; las guardamos dentro, sin explicaciones, hasta que no sabemos qué hacer con ellas. En este punto el perdón aparece como un símbolo grande y maravilloso que puede explicar y, mejor aún, sanar las palabras y situaciones que nos hicieron sentir mal. Por ello el perdón tiene que ver con la comprensión de los sucesos que no comprendimos y al no ser entendidos se han convertido en motivo de desilusión, apego, frustración, dolor, tristeza y rabia. El perdón será la herramienta esencial para comprender el lenguaje cotidiano y sus implicaciones en nuestra vida diaria.

Sentimientos y razón

Todas las palabras que nos digan o pensemos, pasarán por nuestra mente y allí las procesaremos de diferentes maneras. Lo que a nosotros debe interesarnos a partir del perdón, o del entendimiento de esas palabras, es por qué procesamos las palabras de una u otra forma cada vez que lo hacemos.

Pongamos un ejemplo: a Juanito, cuando tenía seis años, intentaron enseñarle las matemáticas personas que no utilizaron un sistema adecuado, pues cada vez que cometía un error o no entendía le decían que era un tonto. Quien tonto le decía quizá no lo hacía con intención de ofenderlo, era simplemente una forma de expresión (equivocada por supuesto); pero Juanito, al estar pequeño, no lo entendió así, y de tantas veces que le dijeron que era un tonto, lo creyó como una verdad irremediable en su vida, al punto de que él mismo lo repetía internamente cada vez que se equivocaba e incluso cuando no lo hacía. Juanito creció con esta idea y se convirtió en un adulto que seguía considerándose como tonto y se sentía muy mal por todas las implicaciones negativas: autoestima baja, sentimientos de inferioridad, incapacidad para realizar ciertas labores o para relacionarse con otras personas.

Si introducimos en este caso el perdón, Juanito no puede hacer nada entonces para dejar de ser tonto porque no es él quien se califica de esa manera, sino personas que se encuentran a su alrededor, con quienes convive y cuyas palabras, positivas o negativas, tienen influencia sobre él y su desarrollo posterior.

Pero veamos lo que hizo en el futuro. Primero, hizo una pausa para pensar y hacer un análisis progresivo de lo que hasta ese momento había sido su vida. Determinó que él no era los otros y que tenía derecho a sentirse diferente; tuvo que asistir a terapia y darse cuenta de que en realidad valía mucho como persona; tuvo que rodearse de personas que valoraban sus aspectos humanos positivos, que reforzaban sus cualidades y le permitieran desarrollarse en un ambiente sano y sin agresión, y tuvo que valorar su quehacer actual: tenía trabajo, familia, hijos. Así pues, la vida de Juan cambió radicalmente porque cambió el concepto de tonto que de sí mismo tenía por el de persona.

Este ejemplo sencillo deja bien clara la importancia que existe en la relación que se da entre lo que pensamos y lo que sentimos; es tan fácil como decir que si pensamos negativamente vamos a obtener sentimientos negativos y que si lo hacemos positivamente entonces los resultados serán iguales.

El modelo de perdón

De tal manera, el modelo de perdón que proponemos se basa en la interpretación y el manejo adecuado de nuestros pensamientos y cómo se transforman progresivamente en valores, ideas y sentimientos en la vida de cada uno de nosotros.

El perdón en este contexto tiene que ser un acontecimiento consciente. No vamos a perdonar como producto del azar o del antojo. Vamos a perdonar como consecuencia de una estrategia que se traza, se planifica y se lleva a cabo paso a paso. De manera que podemos darnos cuenta de los avances que vamos logrando, así como de los impedimentos que se presentan en el alcance de nuestros objetivos.

Así, nuestro modelo de perdón parte de la premisa de que el perdón se da sólo cuando es una acción consciente practicada por una persona, cuyo deseo la motiva a analizar y describir las acciones que día con día realiza, con lo que puede darse cuenta de lo que debe hacer para sentirse perdonada y perdonar.

2
El perdón verdadero

Juan 13, 35

¿Por qué es necesario el perdón?

La pregunta puede parecer obvia, pero las respuestas no. En este caso lo que importa es lo que usted mismo puede decir. Así, la pregunta tiene más sentido si la planteamos de la siguiente manera: ¿por qué es necesario el perdón para usted? ¿o por qué es necesario el perdón en su vida?

¿Qué puede responder?

Tal vez se incline por decir que el perdón es importante porque es bueno perdonar, o porque perdonando se sentirá mejor, o porque el perdón servirá para no sentir culpa o no sentirse mal, o para continuar la relación que se ha estropeado con otra persona, o para acercarlo a Dios...

Si usted lo nota, en las posibles respuestas encontramos un denominador común: bienestar. Bienestar que suple en todos los casos una condición afectiva o emocional no deseada o molesta. Y tiene razón, perdonando es como vamos a sentirnos bien después de sentirnos mal por los errores que cometimos.

Para que nuestro deseo de ser felices sea una realidad, es necesario perdonar verdaderamente, que aprendamos a utilizar una clase nueva de perdón, que sólo podrá aprender si tiene la disposición para comenzar a partir de este momento, si desea hacer a un lado el pasado y los prejuicios, y si tiene la disposición y el carácter para a construir un futuro mejor.

Construir un futuro mejor no depende de otros, depende del esfuerzo individual que cada quién ponga en sus ideales.

El perdón es una herramienta que se renueva todo el tiempo, que se adapta a nosotros, a nuestras necesidades y a nuestra persona. El perdón somos nosotros mismos, es una actitud, es parte de nuestra personalidad, es un estilo, un proyecto de vida. El perdón es entendimiento y decisión.

¿Pero entendimiento de qué?

De una vasta cantidad de aspectos, por ejemplo:

— Somos personas. El perdón nos permite darnos cuenta de lo que casi nunca pensamos: somos personas, no solo ese ser perdido entre multitudes que tiene un trabajo, un horario y un cuerpo. Somos una serie de valores, de esperanzas, de sueños y aspiraciones. El perdón lo sabe y también que no somos un simple número, un registro o un acta cualquiera.

— Somos únicos. Sabe el perdón que a pesar de que hay otros miles que se nos parecen, somos irrepetibles, dueños y poseedores de habilidades únicas y maravillosas de las que quizá no nos hemos percatado aún.

— Valemos. El perdón no se anda quejando de minucias; al contrario, rescata nuestra persona y la eleva sin rencor, sin cobardía y sin orgullo; somos valiosos, muy valiosos.

— No somos indispensables. Pero tiene el perdón cuidado y no abusa de vanidad alguna, sabe que no somos indispensables y que no podemos andar por el mundo haciendo alarde de gloria o de superioridad.

— Vamos de paso. Sabiéndolo, el perdón deja bien establecidas las reglas del juego y propone: estancamiento o superación. Porque sabe que la vida es corta y debemos decidir tarde o temprano cómo queremos vivirla: en el sufrimiento o en la felicidad.

— Podemos cambiar. Y para alcanzar esos objetivos, el perdón nos hace conscientes de todo el potencial humano interno con que contamos para cambiar en pos de ese ideal de autosuperación y liberación de la esclavitud a la que estuvimos atados en el pasado.

Así, el perdón verdadero no es una tarea sencilla: es producto de conciencia; que se alcanza después de trabajar con todo lo que traemos dentro, todo lo que es bueno, para mantenerlo así y acrecentarlo, y lo que es malo, para eliminarlo o hacerlo mejor.

En qué consiste perdonar

Con lo anterior, ya se puede responder a la cuestión planteada: ¿En qué consiste perdonar?

Debemos comenzar por cómo nos sentimos. El perdón deberá ayudarnos a encontrar un estado emocional de satisfacción, lo que se traduce en sentir que logramos un objetivo y que al alcanzarlo por nuestros propios medios es muy meritorio; somos capaces al perdonar de asumir un nivel alto de responsabilidad y tomar nuestras propias decisiones; tenemos la capacidad de decir no al círculo vicioso de culpa y acusación. En resumidas cuentas, nos sentiremos bien, nos quitaremos un gran peso de encima y esperaremos no volver a cargarlo jamás.

Así, perdonar consistirá en darnos cuenta de que podemos utilizar positivamente la información que tenemos de los acontecimientos de nuestra vida. Perdonar se convertirá más que en una acción de rutina o en un par de palabras poco convincentes y convencidas, en un modo de vida distinto al que hemos llevado: sentirnos heridos. Sabremos que nadie en el mundo tendrá el poder para hacernos sentir mal, porque somos nosotros quienes decidimos cómo queremos sentirnos, usando el poder en nuestro beneficio. El perdón será una actitud de confianza plena en nuestras habilidades y en nuestra capacidad como seres humanos; esa confianza nos impulsará y nos permitirá tomar decisiones seguras y acertadas, se acabará el dolor y la frustración; sabremos que valemos y ese valor nos hará fructificar y sanarnos. El perdón será convertido en amor hacia nosotros mismos. Y sabiendo perdonar no podremos dejar de amarnos. Amándonos estaremos bien, y estando así, estaremos bien con los demás.

Perdonar es cambiar nuestra percepción negativa del mundo y las personas que nos rodean. Perdonar es establecer los límites de respeto en las relaciones con los demás. Perdonar es decir sí a la oportunidad de renovarnos y sentirnos merecedores de un estado emocional saludable. Perdonar es dejar de escuchar las fantasías que genera nuestro ego. El perdón es conocimiento y aceptación del cambio, pero no de un cambio dramático, desmoralizante, sino de una adaptación paulatina que nos lleva a convertirnos en mejores personas.

Permanecer en el perdón

Aunque perdonar es el resultado de un proceso más o menos largo y doloroso para cada persona, queda aún el inminente riesgo de las recaídas.

Y es que el perdón no será jamás eterno ni olvido. Razón por la cual nuestro trabajo de conciencia debe ser constante. Como ya lo mencionamos, el perdón debe reconocerse como un fuerte deseo de nuestra parte; si esta condición no se da, el perdón no se hará presente.

LA DIFERENCIA DESPUÉS DEL PERDÓN RADICA EN QUE TENDREMOS MÁS HERRAMIENTAS PERSONALES PARA HACER FRENTE A TALES SITUACIONES Y SI HEMOS ESTADO TRABAJANDO BIEN, SI HEMOS ESTADO ALIMENTANDO NUESTRA CONCIENCIA Y NUESTRO DESEO DE ESTAR BIEN, SEREMOS PERSONAS MÁS SENSATAS, CON UNA AUTOESTIMA MAYOR, CON MÁS TOLERANCIA A LA FRUSTRACIÓN Y POR SUPUESTO MÁS SENSIBLES Y SERENAS.

El perdón no debe inmunizarnos a las sensaciones de dolor, intolerancia o frustración, pero sí tiene que facilitarnos su manejo. **Dejaremos de utilizar nuestra imaginación para hacernos daño**.

Permanecer en el perdón nos conducirá a la libertad de acción que nosotros mismos decidamos. Nosotros nos haremos esclavos de las ideas y conceptos o nos liberaremos de ellos.

Somos personas independientes. *La independencia ha sido obstaculizada porque hemos permitido que se nos involucre en relaciones dependientes que nos quitan la autonomía y le otorgan a otros el poder para manipularnos, chantajearnos, agredirnos y controlarnos*. De cada quién depende la fortaleza de ánimo para enfrentar a sus opresores y librarse de ellos.

Podemos liberarnos, recuperar el poder que nos corresponde, ya lo verá. PORQUE CAMBIANDO LOS CONCEPTOS, CAMBIA LA PERCEPCIÓN QUE TENEMOS DEL MUNDO.

El obstáculo frecuente que impide el perdón es acostumbrarse a vivir lleno de rencor, ira, deseos de venganza, pues aunque son aspectos negativos, no nos sentimos tan mal después de todo, porque esos sentimientos de agresión nos brindan ganancias secundarias.

Muchas personas sufren porque no tienen a los padres que se han forjado en su fantasía, o al cónyuge ideal o a los hijos maravillosos, pero prefieren estar con lo que tienen porque no se resignan a no estar solos. De tal forma que nos cuesta demasiado trabajo aceptar la soledad como medio para curarnos. Situación que nos lleva a sentirnos entre la espada y la pared: está bien, me doy por vencido, prefiero eso que me ofrecen y que no concuerda con lo que quisiera a no tener nada.

3
Lo primero en el perdón

Renunciar al orgullo

El primer requisito para que el proceso de perdón en nuestra vida pueda iniciarse es renunciar libremente a una serie de actitudes y posturas que produce el orgullo. Entendiendo que el orgullo es la cerrazón que nos orilla a creer que nosotros tenemos siempre la verdad absoluta.

Entonces, según nuestro planteamiento, es ley para perdonar renunciar primero al orgullo.

¿Pero cómo reconocerlo, cómo saber que somos una persona cuya actitud es orgullosa?

Con una actitud de serenidad podrá reflexionar y conseguir pensamientos positivos. Pongámoslo más fácil: por ahora no piense en usted o en lo que hace, sino en todas las que hace una persona orgullosa. Por ejemplo:

Una persona orgullosa no escucha. Se limita a suponer que tiene razón, y su trato es de autoritarismo; nuestra opinión no le importa, pues nosotros estamos mal, así que nuestros argumentos serán siempre inválidos e invalidados.

Una persona orgullosa no es incluyente. Esto es, se basta a sí misma y cree que no necesita de otros; su orgullo le impide ver la necesidad de convivencia. Las decisiones que toma siempre serán motivadas por el egoísmo, ya que el interés buscado es exclusivamente el suyo.

La persona orgullosa ve lo que quiere ver. Y en ese sentido nos mira de la manera en que le conviene. Si se observa como buena, nosotros seremos malos.

Una persona orgullosa supone. Tiene la capacidad de adivinar nuestros pensamientos y sentimientos, así que ella decide. No importa que objetemos, pues ella se forma una opinión. Así que no podemos hacerle llegar ningún planteamiento porque se escuchará a sí misma, pero jamás a nosotros.

Así, para una persona orgullosa lo más importante es ella misma, y no hay dentro de su esquema emocional y psicológico lugar para lo que piensan y sienten otros. Ella es la ley, la autoridad, la inteligencia, el saber y la razón. Si nos considera es para utilizarnos, si acaso le servimos para alcanzar sus propósitos.

¿Y quién puede convivir con una persona así? Pocos o casi nadie.

De tal manera que si trabajamos un poco con éstas características, podemos darnos una idea más o menos clara de si somos o no personas orgullosas. De no serlo, el perdón será un camino más fácil, pues no habrá motivos para pelear o discutir términos y situaciones con nadie, ni siquiera con nosotros mismos.

Para la persona orgullosa es difícil reconocer que se ha equivocado, o que no tiene razón. Tan difícil es que en vez de reconocer sus fallas, prefiere seguir equivocándose, no importándole las consecuencias negativas.

Contactar con lo humano

El paso inicial para descubrirse como persona radica en la capacidad para no catalogarse. Expliqué-moslo así: desde que nacemos está depositada sobre nuestro futuro una serie ilimitada de expectativas.

Y dependiendo del trato que nos dé nuestro mundo inmediato, vamos a reaccionar y a constituir nuestra personalidad; así nos convertiremos en personas seguras o inseguras, pacíficas o conflictivas, que fracasan o triunfan, sencillas o complejas...

¡Basta de calificaciones! ¡Basta de etiquetas y disfraces! ¡Somos personas! ¡Entiéndase: **PERSONAS**! ¿Y qué es lo que nos convierte en personas?

La capacidad para detenernos y vernos como tales. Así de fácil. **NO SOMOS MÁQUINAS**. Somos seres de carne y hueso, con capacidad para sentir, pensar, y ordenar lo que sentimos y pensamos en emociones proyectadas como modelos de vida: podemos elegir entre vivir sintiéndonos bien o mal.

Deténgase un poco. Piense en usted por un momento. Basta de expectativas impuestas por la sociedad, por sus padres o por usted mismo. Ante todo, primero es persona; dese cuenta y valore esta realidad. Haga contacto con esta parte humana suya, casi olvidada o mal entendida.

Su persona tiene la capacidad maravillosa de amar y de sentirse amada. Su persona tiene valores. Su persona vale. Su persona puede cambiar hasta donde usted mismo lo decida. Su persona puede perdonar y ser perdonada. Y hasta que no lo crea, hasta que no lo experimente, no podrá hacer contacto con la experiencia de perdón.

Hagamos un pequeño ejercicio:

Relájese.
Respire profundamente.
Lea y medite.

"Hoy usted está vivo. Agradézcalo. Muchos ya no lo están. Eso le da la oportunidad maravillosa de hacer planes. Usted puede elegir entre seguir viviendo porque ya está en el mundo, o puede decidirse por elegir las cosas que hará para que su vida tenga un sentido completo, definido y proyectado. Deje ya de sufrir, en sus manos está el poder de retomar las riendas y arreglar todas las situaciones adversas. Sea creativo. Crezca. Dese la oportunidad de convertirse en lo que siempre ha soñado, en una persona feliz, agradable y sin problemas. Usted decide. Todo es posible."

Esta libertad lo convierte en ser humano: usted decide qué hace con esa libertad. Usted decide si la aprovecha en beneficio de sus proyectos o si la desaprovecha en detrimento de su felicidad.

Darse cuenta de lo que será perdonar

Perdonar es salvarnos de la culpa, la apatía, la costumbre y la autocompasión. Perdonar es rescatarnos de un estado de vida miserable y negativo para llevarnos a uno de lucha, de proyección positiva, de bienestar. **PERDONAR ES DECIDIRSE CON MUCHA SERIEDAD POR TOMAR LAS RIENDAS DE SU VIDA Y MARCHAR AL RITMO QUE USTED DECIDA, IMPIDIENDO QUE SEAN OTROS QUIENES LO MARQUEN.** El perdón es hacerse responsable de la vida, es saber que cada cosa que hacemos la decidimos, y si no, que decidimos no hacerla.

Pero sobre todo, perdonar es deshacerse de la ignorancia. ¿Qué tiene que ver la ignorancia con el perdón? Nada, la ignorancia no contribuye al perdón. Pero sin ignorancia no existe motivo alguno para sentirse dañado, vulnerable o herido; sin ignorancia, lo que encontramos en su lugar es sabiduría, y la sabiduría es, en parte, una dosis muy grande de perdón.

Precauciones sobre el perdón

Pero una vez más, debemos tener mucho cuidado con lo que hacemos, porque el primer impulso, aún inmaduro, nos llevará a pensar que si hemos cambiado, entonces los demás también deberán hacerlo. Es importante que consideremos el cambio como una decisión personal y libre.

Además, el perdón tendrá que ser constante y maduro. Madurez que se reflejará en la medida en que respetemos las vidas y las decisiones de otros. Para ponerlo sencillo: el perdón se verá reflejado en la medida en que podamos convivir con otros y con sus diferencias. Cada quien tiene el dérecho de darse cuenta en su momento acerca de lo que quiere. Parte de perdonar implica que otorguemos a otros la oportunidad de marcar su propio paso, de entender su propio aprendizaje.

El peligro de sentir autoritarismo

El hecho de que no todos seamos iguales no implica que haya jerarquías; no debemos permitir en ningún momento que surja el autoritarismo: EN NUESTRA VIDA NO DEBE HABER ESPACIO PARA QUE EXISTAN TIRANOS Y OPRESORES, NI PERMITIR QUE OTROS LO SEAN NI NOSOTROS MISMOS SERLO.

Perdonar no nos dota de ningún don que

los demás no posean. Ni nos dota de argumentos para convertirnos en guías de otras vidas. Si creemos que vamos a cambiar al mundo, que es nuestro deber, ya estamos a punto de comenzar nuevamente con los errores. Lo único que debemos y podemos cambiar es nuestra propia vida. La única autoridad que el perdón nos confiere es ser dueños de nuestra vida.

Una autoridad diferente

La autoridad es muy diferente del autoritarismo y debe existir siempre como un regulador consciente, aceptado y respaldado por nuestra propia congruencia, que nos marca el camino; lo cual significa que debemos tener la suficiente claridad mental para distinguir si debemos seguir como vamos, o detenernos a hacer un análisis que nos indique en qué estamos fallando, para hacer luego las correcciones necesarias.

Debemos interpretar el concepto de autoridad como poseer la capacidad para ser promotores de circunstancias positivas que faciliten las relaciones armónicas con las personas con que convivimos. Autoridad para ser sensatos, respetuosos, tolerantes, comprensivos, agradables, libres, conscientes, congruentes, estables, auténticos. Quien logre entender esto y practicarlo, sabrá que no hay ya nada que perdonar, nada que imponer.

4
Los errores más comunes en torno al perdón

Perdonar por comodidad

En ocasiones incontables las personas no sabemos cómo reaccionar ante situaciones de estrés, angustia o conflicto. En esos momentos que no sabemos qué decir, qué pensar o qué sentir, quizá queramos lanzarlo todo por la borda o lanzarnos nosotros mismos al vacío. ¿Qué quiere decir esto? Que al no saber qué hacer y para evitarnos la molestia de buscar una solución, dejamos que las cosas pasen.

Es más fácil no involucrarse en un conflicto que buscar su solución. Es cómodo culpar al otro, o acusarle... Es difícil asumir una actitud de responsabilidad para ver qué parte del lío nos corresponde.

Muchas personas optan por seguir una postura en la que se convierten en víctimas perpetuas. Nada de lo *malo* que les sucede es algo que desean PERO TAMPOCO HACEN NADA POR CAMBIAR para que les sucedan cosas *buenas.* SE CONFORMAN CON LO QUE LES DEN.

Sin importar lo que venga, ya han aprendido la desesperanza de un mundo sin cambios, triste y gris. Nada de lo que pase es su culpa, y nada pueden cambiar. Ya se han acostumbrado, aceptan esta realidad y, aunque parezca increíble, les conviene vivir así.

¿Y qué hacen en cuanto al perdón? Perdonan: colocan la otra mejilla. ¿Por qué? ¿Porque creen que es lo mejor? ¿Porque alguien les dijo que debían hacerlo? No. Sencilla y llanamente lo hacen por comodidad. De lo contrario tendrían que esforzarse por cambiar su mundo, sus relaciones, sus problemas. Tendrían que involucrarse consigo mismas, tendrían que hacer cosas para estar mejor, para vivir mejor, y no están dispuestas a hacerlo. Es mejor estar como están, ya se han acostumbrado; su aparente tolerancia o bondad o comprensión del mundo sólo es apatía, desilusión y comodidad. ¿Que hay que perdonar? Bueno, si no implica *más que eso*, entonces lo hacen.

¿Y cree usted que una persona que actúa así lo hace por prudencia? ¿Porque la experiencia le ha enseñado que lo mejor es guardar silencio? Claro que no. Tiene muchos nombres la actitud, pero principalmente pereza; o si lo prefiere, ***pereza emocional***. No le demos muchas vueltas al asunto: si usted quiere perdonar tiene que despabilarse, dejar a un lado la actitud de flojera, apatía o abandono en la que tal vez ha caído. Levántese y levante su dignidad, sus aspiraciones, su capacidad para crear y ser mejor cada día.

Perdonar por culpa

Es lamentable que a lo largo de nuestro desarrollo nos hayan prohibido un sin fin de acciones, pensamientos y sentimientos; es lamentable que siempre haya existido un filtro de censura ante nuestros ojos y que pocas veces o nunca hayamos podido ver las cosas al desnudo y con naturalidad, sin prejuicios, temores y dudas.

Siempre luchamos por encontrarnos con nosotros mismos; ¿qué sucede cuando algo *malo,* a nosotros no nos lo parece? ¿O cuando algo es *bueno,* a nosotros nos parece lo contrario?, ¿cómo nos sentimos? ¿qué pensamos?

Sencillamente dudamos, estamos confundidos y al principio, no sabemos qué hacer, aunque finalmente acabamos por hacer lo que queremos, sea *bueno* o *malo,* porque descubrimos que así lo hace todo el mundo. Pero sobre todo, terminamos sintiéndonos culpables porque todo ese círculo de ideas y conceptos censuradores chocan con lo que sentimos, nos acusan, nos apuntan con el dedo y nos roban la paz.

La culpa aparece como producto de no ser libres en nuestra toma de decisiones; la culpa es el peso asfixiante de los prejuicios y los conceptos.

LA CULPA ES UN JUEZ TERRIBLE Y POCO MISERICORDIOSO. La culpa nos ciega, nos hace volubles, indecisos, tímidos, débiles... nos convierte en víctimas irresponsables, a la espera de ser degollados o sacrificados por los que tienen la razón, por los que son sabios.

Ninguna persona es más que otra ni sabe más que los demás. La única medida para ser mejores somos nosotros mismos. Y en función de lo que somos debemos crecer estableciendo los límites y metas según lo decidamos.

No debemos sentirnos merecedores de castigo y acusación cuando nos equivoquemos: sintámonos dignos y merecedores de una nueva oportunidad y aprendamos de ello; no nos revolquemos en la justificación y la autocompasión. No hagamos caso de la gente soberbia e irrespetuosa; seamos humildes y sensatos para saber que cada día es nuevo y que en cada día hay una oportunidad nueva para mejorarnos y corregir nuestros errores.

El único remedio para acabar con la culpa es tener el valor para aceptar que lo que hicimos ya está hecho y pertenece al pasado. Pero también el valor para actuar con responsabilidad en el futuro a la hora de tomar nuestras decisiones. Si consideramos que lo que hicimos está bien, no nos sintamos culpables aunque lo diga el mundo entero.

NO PENSEMOS MAS EN LO QUE PUDIMOS

HABER HECHO Y NO HICIMOS; PENSEMOS EN LO
QUE PODEMOS HACER HOY PARA SER MEJORES.

Perdonar por obligación

El perdón no es producto del azar, sino resultado
de la voluntad de la persona que lo busca. Esa voluntad
individual no puede ser forzada u obligada por nadie
y ni siquiera por ella misma. Si el perdón se considera
como un regalo, una bendición, producto del amor o
un don, entonces no debe ser obligación para nadie.
Si hablamos de sentirnos bien al perdonar, es ilógico
que pensemos que puede conseguirse mediante la
fuerza. El perdón no es producto de la irracionalidad
ni de la venganza.

Por lo general, el perdón se concibe en un
ambiente que no está listo para proporcionarlo, así
que termina por ser saboteado; se piensa que
mencionarlo basta para conseguirlo, así que muchas
personas creen que con exigirse a sí mismas o exigir
a otros que haya perdón, éste aparecerá milagrosa-
mente y reparará todo el daño hecho.

Es indispensable entendernos a nosotros mismos
para entender a otras personas. El entendimiento se
genera por una introspección profunda, un viaje
consciente hacia nuestro interior desconocido. Ese
viaje no es obligatorio ni obligado; sólo aquel que lo
decide con libertad se aventura, lo realiza y obtiene
beneficios.

Hay que entender que para que el perdón sea una realidad en su vida, se necesita mucha motivación personal, estar dispuesto a confrontarse uno mismo en torno a su quehacer cotidiano y descubrir que hay muchas actitudes que no sirven y hay que cambiarlas.

Perdonar condicionado

Insisto en la totalidad del perdón como experiencia: perdonamos o no perdonamos. En este sentido, no funciona el método que emplean algunos al intentar perdonar poco a poco y en la medida en que reciben gratificaciones o ganancias secundarias. Perdonar como parte de un proceso de manipulación o chantaje no tiene que ver con el perdón. Así, el perdón debe eliminar por completo el *si* condicionante en la relación —si haces lo que quiero te perdono, si no, no—.

5
Los espacios que necesita el perdón

Qué perdonar

Plantearnos esta cuestión es enfrentar una realidad incambiable: depende de cada persona y de su estructura emocional y psicológica. Cuando realizamos un taller vivencial de perdón se perciben dos aspectos generales importantes: 1. Hay quien sí necesita del perdón y quien se involucra en otros procesos que no se relacionan con el perdón y 2. Se trata de perdonar asuntos realmente dramáticos, tales como violaciones y abusos sexuales, secuestros, asesinatos y divorcios, sin olvidar el maltrato físico y psicológico.

En la mayoría de los casos se interpreta la ofensa, como lo peor que pudo haber ocurrido, así que se matiza de una forma muy negativa y para la persona es tan grave que le impide continuar con su vida, pues a partir del momento en que ocurre la ofensa se elevan las defensas al grado de percibir a todo el mundo como potencial agresor y a sí misma como futura víctima, nuevamente. En estos casos, la persona aprende la desesperanza: si me ha ocurrido esto tan grave e inmerecido y no hice nada malo para que me suceda, ¿qué otra cosa puedo esperar de la vida? Lo que la lleva a refugiarse en un estado de miedo, o de agresión en las relaciones con otros.

Sin embargo, hay cierta fortaleza, esperanza y la persona queda abierta a la posibilidad de encontrar la sanación. Es decir: **No todo esta perdido y la vida no es puro sufrimiento.** Si nos permitimos el tiempo, el lugar y las personas adecuadas, encontraremos que no todo en el mundo es malo, que también hay bien. El perdón no es imposible en ningún caso; lo único que varía es el tiempo que podemos tardar en aceptar y cambiar los procesos que ocurren en nuestro interior.

Así que no importa qué tan grave o humillante pueda resultar la agresión, siempre existe la posibilidad de perdonar, aunque parezca remota, porque debemos decidirnos por sumirnos en la vergüenza, la rabia y la sed de venganza o salir adelante, con la frente en alto y dignos de paz, amor y seguridad.

De tal manera que la cuestión sobre *qué perdonar* debe cambiar al grado de considerarse si *queremos realmente perdonar.*

Un espacio para el perdón

Si uno comete el error de permanecer al lado del

agresor, se expone a que la agresión sea mantenida e incluso reforzada; mientras más le permitamos a nuestro agresor que nos lastime, más lo hará y cada vez con más frecuencia. Sobra decir que el perdón es imposible en tanto el clima sea de ofensa y maltrato, porque con seguridad estaremos involucrados en una relación de resentimiento y agresión cada vez más dolorosa y difícil de terminar.

Lo más difícil del caso es tomar la decisión de alejarse, porque implica abandonar la casa y quedarse sin recursos económicos; obviamente este panorama no es alentador y muchas personas prefieren permanecer porque al menos ya saben lo que sucederá, a diferencia de lanzarse a la aventura. Aquí influye el carácter de la persona en cuestión y su proyecto de vida.

Las condiciones para que el perdón se dé serán mayores en la medida en que uno esté dispuesto a mejorar la calidad de vida que tiene en sus relaciones. Si se es una persona inmadura y con poca conciencia, no hay de qué preocuparse; el cambio no resulta amenazante. Pero si ha comenzado a despertar y el nivel de conciencia es cada vez mayor, no existirá temor al cambio.

Para encontrarnos con el perdón necesitamos un espacio nuestro y en el que haya condiciones sin agresión ni presión de ninguna clase. Condiciones obvias por las que tenemos que luchar.

Por tal motivo debemos hacer un análisis o balance de los recursos con que contamos para plantear los cambios. Cabe preguntarse, según las circunstancias, si es mejor quedarnos donde estamos y como estamos, o buscar una alternativa.

La proyección como camino hacia el perdón

Pero, ¿de qué manera podemos generar las condiciones ideales para tener éxito en el objetivo de alcanzar el perdón?

Es necesario un nivel de conciencia alto y claro en cuanto a lo que queremos perdonar. Hemos de hacer a un lado los pretextos y los temores, las acusaciones y el llanto. Ya no debemos dejar espacio para el lamento y el rencor, hay que ver hacia adelante, vislumbrar las posibilidades nuevas que se abrirán en nuestra vida al ser personas emocionalmente sanas.

Para muchas personas es difícil entenderlo y la pregunta que surge es ¿cómo voy a defenderme de mi agresor sin llegar a la agresión yo también? Esta pregunta la responderemos a continuación y en el siguiente capítulo. Prosigamos con las condiciones necesarias para el perdón.

¿Cuál debe ser nuestra actitud?, ¿cómo debemos comportarnos?, ¿cómo debemos sentirnos?

Planear es la respuesta. No significa que pasemos

la existencia haciendo planes, soñando, alejados de la realidad. No. Planear significa que vamos a decidirnos por vivir como personas sensatas, alegres, positivas y abiertas, en resumen: sanas, que no necesitan más del perdón.

La planeación más adecuada consiste en dividir la meta u objetivo final en sub-objetivos o pequeñas metas; es más fácil subir una escalera peldaño por peldaño que brincarla de un salto.

Finalmente: toda planeación implica un diálogo interno con nosotros, o externo, con otros, o una combinación de ambos.

Tenemos como humanos el poder de otorgar a otros poder para que nos humillen y hagan de nosotros un guiñapo, pero tenemos también el poder para aclarar las pautas de relación con nosotros: *O me respetas y compartimos nuestra vida en armonía, o no tenemos nada.*

El proceso de perdón

Mencionamos que a lo largo de nuestra vida hay momentos en los que se genera un rompimiento del equilibrio en las relaciones con otras personas, y que tal rompimiento origina inestabilidad en nuestras emociones. En este punto es importante que entendamos el aspecto de duelo que existe en toda relación.

El duelo tiene que ver con una pérdida; en una relación en la que hay agresión, control, sumisión, chantaje, saboteo, golpes, gritos, maltratos, manipulación, etc., no es necesario el duelo, debe haber inteligencia. En el caso de que se decida terminar una relación que ya no funciona, entonces sí es necesario el duelo.

Un proceso de duelo se realiza cuando hemos perdido a alguien a quien nos une un vínculo afectivo importante. Así que puede tratarse de un duelo por abandono o distanciamiento, o por muerte.

¿Cómo podemos interpretar el duelo?

La mejor opción es contemplar el duelo como *una sana despedida*, porque es la única forma consciente de quedar tranquilos y en paz. ¿Qué sucede cuando perdemos a alguien o se va? NO NOS CALIENTA NI EL SOL, Y PODEMOS SENTIR QUE YA NADA TIENE SENTIDO PARA NOSOTROS.

¿Cuántas personas no sufren de por vida o durante muchos años porque ha muerto un ser querido y *no lo dejan irse en paz*?, ¿cuántas personas sufren porque un familiar o amigo se ha distanciado o perdido, y aunque esté vivo es como si hubiera muerto?

Sólo tenemos dos opciones: enfrentamos la pérdida *sanamente*, o perdemos la cordura emocional y, a veces, la psicológica. El proceso de duelo tiene que ver con el proceso de aceptación de la realidad que nos rodea. Hay cuestiones inevitables que no dependen de nosotros –como la muerte y la vida de otros– y tenemos que vivir así. El sufrimiento se relaciona con la no aceptación de la realidad y con la intolerancia a las situaciones que nos frustran. Así no puede darse un proceso de duelo.

El proceso de duelo –es decir, la aceptación de la pérdida irreparable– implica que aceptemos todas las emociones que en ese momento pasan por nosotros –dolor, negación, acusación, culpa–, pero no que nos limitemos a quedarnos con estas emociones, sino que las entendamos, las procesemos, para llegar a una conclusión final con la aceptación de esa pérdida, y que tenemos que rehacer nuestra vida.

Parte de realizar un duelo implica que perdonemos el recuerdo de la persona que se ha ido y que le pidamos perdón. Al igual que el perdón, un duelo puede realizarse a solas. Si usted necesita concluir un duelo realice el ejercicio ***Diálogo con personas ausentes*** en el capítulo 8.

6
El diálogo
y el perdón

Lo que se dice cuando se calla

Cuando las personas guardan silencio dicen muchas cosas, pero quizás el mensaje más importante es: no me importas, no me interesas, puedes hacer con tu vida lo que quieras, déjame a mí hacer lo mío.

Duele pensar que hay alguien a quien no le importamos, que hay alguien a quien no le interesa escuchar nuestra voz, o nuestras palabras.

¿Quién no se ha esforzado por dar lo mejor a alguien a quien ama, pese a no recibir a cambio lo que espera? ¿No es acaso humillante al paso del tiempo? ¿No termina o disminuye ese sentimiento de amor? ¿No se convierte en una frustración tan grande que terminamos odiando?

A veces sucede. La única alternativa es alejarse y tal vez no volver nunca más. Eso si lo que buscamos es realmente paz. Si no deseamos relaciones enfermizas, deterioradas, desgastantes...

¿Cuántas personas no se han distanciado de su familia al grado de que la odian? ¿Cuántos padres han abandonado a sus hijos?, ¿cuántos hermanos no se relacionan entre sí?, ¿cuántos hijos odian a su padre o a su madre?, ¿cuántos divorcios, cuántas separaciones?

¿Y cuáles son las alternativas que quedan? Sólo dos: sufrir o reponerse. O te lamentas toda la vida y te culpas o culpas al otro, o te das cuenta de que la vida continúa y hay más personas con las cuales vivir y de las cuales obtener amor.

¿Por qué este rompimiento tan doloroso, cuál es la causa?

La ausencia de diálogo

El que no exista capacidad para dialogar es la causa de todo el dolor, de todo rompimiento, de todo el odio, de todo el rencor. No sabemos dialogar entre personas y sobre todo: **NO SABEMOS DIALOGAR CON NOSOTROS MISMOS.** No sabemos qué es lo que queremos en la vida, por lo tanto no hay cosa que nos produzca satisfacción.

La capacidad de querer decir

Dialogar es una acción muy distinta de la plática cotidiana. De hecho, platicar puede resultar superficial y vano. Pero dialogar implica una acción, conciencia, saber qué es lo que decimos, para qué y a quién. Implica sobre todo una capacidad emocional. Muchas personas no tienen esta capacidad, pero no porque no puedan, sino porque no quieren comprometerse en una relación. Somos egoístas. El diálogo incluye desprendimiento de nuestra parte, que no tengamos apegos, que queramos compartir, que sepamos respetar al otro y lo que éste quiere.

Pero, ¿por qué es tan difícil que queramos compartir lo que somos, que queramos ser honestos, que queramos abrirnos a los demás? Aprendimos que no debemos hacerlo, porque nos van a lastimar; aprendimos que si hablamos con honestidad van a burlarse, o nos van a lastimar. Así que no podemos buscar un culpable.

Pero no nos quedemos impasibles ante esta realidad, ni permitamos que ese temor nos domine.

La capacidad de querer escuchar

Dialogar implica una enorme capacidad de atención, que es necesaria para escuchar lo que tenemos que decir, en el caso del diálogo interno, y lo que otros dicen, en el diálogo externo.

Para que el diálogo se dé es necesaria una dosis enorme de imparcialidad y silencio. Si no existe imparcialidad es imposible comparar las diferencias, entenderlas y aceptarlas. Si no hay silencio, lo que rondará nuestras cabezas será el ruido generado por la idea de superioridad y rivalidad: tenemos que ganar a toda costa, si no el otro nos considerará débiles e incapaces.

Así pues, para que se suscite un diálogo verdadero, primero debemos dialogar con nosotros mismos.

Si nuestro diálogo interno ha resultado un constante lamento del pasado y los errores que cometemos, es éste un buen momento para terminar con él. Si perdonamos, aumentarán las posibilidades para que aparezca el diálogo razonado y que enriquece nuestras relaciones. Si somos capaces de escuchar y entender lo que tenemos que decirnos, vamos a ser capaces de escuchar y entender lo que otros tienen que decir.

Planear el diálogo

Es fundamental que exista silencio para que el diálogo sea posible. El silencio es una decisión: quiero escuchar con honestidad lo que tengo que decirme y no oigo porque mi ego no lo permite.

El ego juega con nosotros, no le interesa que estemos bien, le interesa que vivamos como esclavos, siembra la desconfianza, la discordia; el ego es ignorancia, pero sobre todo, falta de honestidad, de valor, y mucha apatía.

Pero volvamos a lo que debemos entender como diálogo interno. ¿Qué debemos decirnos?, ¿cómo lo decimos?, ¿con qué intención? SIEMPRE ESTAMOS

ADIVINANDO LAS INTENCIONES DE OTROS, PERO NO LAS NUESTRAS. Dialogamos porque queremos compartir, porque queremos reconocimiento, porque deseamos confianza, que nos incluyan en la toma de decisiones, para que crean que somos inteligentes... pero independientemente del objetivo de nuestro diálogo, aquí lo único que importa es que conocemos la razón del mismo y estamos dispuestos a responsabilizarnos de él.

EL DIÁLOGO IMPLICA RESPONSABILIDAD, VALOR PARA DAR LA CARA; NO VAMOS A DECIR ALGO PARA ECHARNOS A CORRER Y ESCONDERNOS. Si va a ser esta nuestra conducta, mejor no decir nada.

Saber discutir

Dialogar nos conduce inmediatamente a la discusión, pero saber discutir es saber elegir un espacio adecuado, un momento adecuado, la actitud adecuada.

Para que nuestra discusión sea efectiva y resulte en diálogo, deshagámonos de toda idea preconcebida, de todo rencor, de toda suposición. SABER DISCUTIR IMPLICA QUE VEAMOS EN EL OTRO A UNA PERSONA IGUAL A NOSOTROS, QUE NO TENEMOS PORQUE HACERLE DAÑO Y QUE ELLA, POR LO TANTO, NO QUERRÁ DAÑARNOS TAMPOCO.

Perdonar dialogando

Perdón y diálogo van de la mano. ¿En qué sentido? En el de que no se busca con el diálogo convencer al otro ni ganarle. Al igual que el perdón, el diálogo es una decisión consciente y personal.

El cuestionamiento puede dirigirse al otro sin agresión, no es necesario gritar ya si hemos aprendido a perdonar, a respetar. Basta con que el otro vea un cambio en nosotros. Si ese cambio no lo convence, seamos prudentes y mantengamos la distancia razonable en esa relación.

Todo el diálogo con los demás debe enfocarse a pedir perdón y luego, hacer lo posible por mejorar como persona en la relación con alguien en particular. NO DEBEMOS FRUSTRARNOS NI SUFRIR PORQUE EL OTRO NO QUIERA DIALOGAR CON NOSOSTROS. Así que esto nos remite al diálogo interno con nuestra persona.

Para dialogar basta con escuchar y respetar lo que oímos. Si se entiende esto y lo lleva a la práctica, usted podrá encontrar lo que está buscando. Descubrirá que el mejor diálogo es el que se realiza con amor, atención y respeto.

7
El perdón
verdadero
sí existe

Por qué el perdón en nuestras vidas

La razón fundamental para perdonar se enlaza con el sufrimiento que hemos sentido en relaciones inmaduras y agresivas. El perdón tiene que ver con el deseo de liberarnos del dolor que sentimos, sin darle libertad a nuestro agresor para que continúe lastimándonos. Queremos el perdón en nuestra vida porque deseamos establecer límites en la relación con otros, porque deseamos una oportunidad nueva para amarnos, sin implicar que debamos amar al agresor.

El perdón tiene que ver con la sanación interna de nuestro yo dolido. Perdonar es una forma de vida, de ser.

Más que forzarnos a perdonar a otros, que pueden permanecer indiferentes o con otras actitudes, vamos a entender lo que sucede alrededor y dentro de nosotros, dándonos amor.

El perdón convertido en una forma de prodigar amor a uno mismo tiene que desarrollar un fuerte sentido de autoestima, brindarnos los medios para que seamos capaces de cuidarnos, querernos y redirigir nuestras emociones.

El perdón en nuestra vida es vital, porque sin él tenemos la única opción de pasar la vida lamentándonos; sin el perdón no podemos ir más allá de la culpa, el dolor y la desgracia perpetua.

El perdón es necesario en nuestra vida porque es la llave que abre la puerta al amor, a las relaciones maduras, a la paz, a lo mejor de nosotros mismos.

Entre el amor y el perdón

Entre la decisión de amar y la decisión de perdonar no existe diferencia alguna. Quien ama perdona. Y quien perdona ama. Es lo único que debemos entender en este proceso: si en el pasado no he sido capaz de perdonar es porque no he sido capaz de dar amor.

El perdón es un regalo que me hago a mí mismo. Y es mi perdón un regalo que te ofrezco, no tienes que aceptarlo si no quieres, y no voy a condicionarte.

Te amo tanto que permito que te vayas y lo entiendo; quizá me duela en lo más profundo del alma tu adiós, pero ya no sufro, te entiendo y te respeto; y más que nada, te dejo libre porque ahora yo también soy libre.

Notas acerca del perdón verdadero

1. El perdón depende de mí. Así que no tengo que esforzarme porque otros entiendan esta realidad. Basta con que yo lo entienda y lo viva. Si soy capaz de perdonarme a mí mismo no es necesario que nadie me pida perdón.

2. Es perdón es una decisión libre. Así que puedo perdonar cuando yo lo decida; y si decido no perdonar está bien, no pasa nada, porque también soy libre de no desear el perdón en mi vida.

3. El perdón me sana. Ninguna medicina me proporcionará la sanación que el perdón me brinda. Si entiendo esto estaré bien y transmitiré bienestar a otros.

4. El perdón me libera. ¿Qué más puedo pedir?, ¿qué más debo entender? Si el perdón va a proporcionarme la libertad que antes no he tenido, ¿qué estoy esperando para perdonar?

5. El perdón es la actitud positiva con que hago frente a la vida. El perdón no es tan complejo, ni tan dramático, es la actitud con la que hago frente a la vida cada día.

Un modelo de perdón

Ya mencionamos que nuestro modelo se basa en la interpretación y manejo adecuado de nuestros pensamientos.

Si el perdón es el objeto de nuestra búsqueda, esto nos conduce a realizar una evaluación y diagnóstico:

¿Por qué necesito del perdón en mi vida?, ¿Cuál es mi situación emocional actual?, ¿A quién quiero perdonar?

Con la respuesta a los cuestionamientos anteriores tenemos que dar el siguiente paso, que consiste en realizar los ajustes necesarios para obtener una transformación:

¿Qué herramientas y recursos poseo para sanar mis relaciones con otros, para sanar la relación conmigo mismo?, ¿Qué voy a hacer para sentirme perdonado?, ¿Qué voy a hacer para perdonar?, ¿Qué quiero hacer con mi ira, con mis deseos de venganza?, ¿Cuándo voy a deshacerme de la culpa?, ¿Cuándo daré fin a mi rencor?

Luego de la intervención tenemos que volver a evaluar; pero esta vez evaluaremos nuestra intervención y sus resultados:

¿Lo que hice me ayudó a encontrarme con el perdón?, ¿Realmente estuve comprometido con lo que hacía?, ¿Cómo me siento ahora, cómo están mis relaciones en este momento?

Y según los resultados que arroje esta última evaluación, hay que volver a intervenir y a evaluar hasta que nos sintamos satisfechos y en paz con los resultados.

No significa que nuestra vida se convierta en una evaluación perpetua. Además, todo depende de cada persona, de su situación actual y recursos disponibles. Por ello no damos recetas. Pero es cierto: se vale descansar y, de vez en cuando, hacer algo de concha.

8
Ejercicios

El presente capítulo se compone de unos ejercicios que llevados a la práctica, le permitirán conocerse un poco más. Recuerde que mientras mayor sea el conocimiento que de sí mismo tenga, mayores serán los elementos para conseguir la sanación de sus heridas. No son ejercicios para que se limite a leerlos, así no van a funcionar. Hágalo con interés, con profundidad, reflexione con ayuda de este libro y verá que su mirada estará siempre al frente. No más atrás.

Renacimiento

Visualiza mentalmente la imagen de la persona que hoy eres, con todo lo que tienes, haces, sientes, piensas; hazlo lo más apegado a la realidad que percibes de ti mismo. Identifícate bien.

Ahora, separa tu imagen en dos que seguirán siendo tuyas, pero distintas. En una coloca todo lo que realmente te gusta de ti, y en la otra todo lo que no te gusta.

Trata de sentir a cada una de tus imágenes y descubre aquello que no aceptas, lo que te estorba, o lo que crees que podrías mejorar.

Tienes frente a ti a tu yo real, lo estás conociendo, lo estás aceptando... pero visualiza ahora a tu yo ideal, una imagen futura tuya, en donde te veas con los cambios que quisieras, pero con mejoras, con actitudes nuevas, con pensamientos, sentimientos y acciones nuevas.

Ese yo ideal puede convertirse poco a poco en tu yo real, sólo descubre lo que puedes hacer para verte y sentirte como esa imagen.

Restauración de la confianza

Es momento de que renueves contigo mismo el compromiso de confianza y aceptación que te debes como ser humano; para hacerlo con éxito, date cuenta de lo mucho que vales como persona, de las cualidades que posees, así como las limitaciones, las habilidades... piensa que eres capaz de sentir el amor de los demás, así como amarlos; eres digno de confianza para otras personas y puedes confiar en ellas; tienes derecho al conocimiento y la obligación de utilizarlo para el bien, pero si quieres hacer el mal, también eres libre; puedes y debes equivocarte, puedes tropezar, caer, estancarte, y sufrir.

No temas, confía en ti, quiérete, ámate, con defectos y limitaciones, pero con toda la capacidad para crecer y desarrollarte a través del conocimiento;

eres un ser humano libre, deseoso de ser feliz, no sufras por todo lo que no vale la pena y te daña, no te aferres más al sufrimiento y al rencor.

Igualación de las personas

Cuánto daño te ha hecho compararte con otros, creer que eres menos o que eres más. Deja ya de pensar que las personas tienen valores distintos, que hay personas mejores que tú, peores que tú; cambia esa idea, ese sentimiento. Piensa que todos en el mundo somos exactamente iguales, pero con experiencias distintas, proyectos distintos, vidas distintas.

Abandona la soberbia, no humilles más a otros, no te humilles a ti mismo, porque todos somos iguales, todos somos hijos del mismo Creador y producto de la misma naturaleza.

Aprender la tolerancia

Identifica los momentos en que se te agota la paciencia, en los que sientes que vas a explotar, actuando impulsivamente y quizá rabioso; esos momentos en los que te desesperas y exiges a los otros, ni siquiera te detienes a pensar y vas con demasiada prisa, con la prisa de un "loco".

Explotar, maltratar, amenazar, gritar, no son la única manera de hacer las cosas, ni de relacionarse con los demás; tú sabes que hay otra opción, el camino de la paciencia y la comprensión, la tolerancia. Sólo siendo tolerante la sanación vendrá por añadidura, pues es un hecho que las heridas son producto de la intolerancia hacia los demás y hacia uno mismo. En vez de ser intolerante, puedes convertirte en maestro, enseñar a otros a hacer las cosas mejor, pero puedes enseñarte a ti mismo.

Diálogo con personas ausentes

En muchas ocasiones el tiempo pasa tan rápido que no nos percatamos de que algunas personas ya se han ido y con las que han quedado asuntos pendientes o inconclusos que nos traen remordimiento y culpa. Y hoy que ha pasado el tiempo, esa persona ya no está para pedirle perdón o perdonarla. Sin embargo, la distancia o la muerte no son un obstáculo para sanar nuestra relación; podemos dialogar con ella aunque no esté presente físicamente, otorgarle tanto el perdón como pedírselo, con la seguridad plena de que en donde esté nos comprende y nos perdona.

Reparación del error

Las causas que influyen para que cometamos errores pueden ser muchas: inexperiencia, ignorancia, apatía, imprudencia, precipitación, temeridad, indiscreción, insensatez, vanidad, soberbia, descortesía, desprecio... y tan interminable como errores podamos cometer o hayamos cometido. Para repararlos, si hemos sido imprudentes, procuremos ser más sensatos al momento de actuar, planeemos nuestras acciones previendo las consecuencias. Si nuestro error ha sido producto de nuestra ignorancia, busquemos conocimientos, información.

Visualización del potencial

Es necesario para poder sanar que identifiquemos el alcance de nuestros actos. Nuestra humanidad no nos permite ser omnipotentes ni omnisapientes, tenemos límites, pero a veces no los tenemos claros ni definidos. Nuestras culpas se generan cuando nos aferramos por llegar más allá de donde es posible y permitido. Reconocer, como ejercicio constante nuestras limitaciones, nos llevará con el tiempo a la sanación.

Minimizar la culpa

Es inútil traer sobre la espalda esa carga enorme de culpa que lo único que hace es incapacitarnos para actuar y sentirnos como personas. La culpa duele. La culpa nos hace llorar. Para hacer este ejercicio toma en cuenta que ya reconociste tus errores y que has hecho algo para repararlos; ya has pedido perdón y has sido perdonado. Toma una decisión y arrójalos tan lejos como te sea posible, y aléjate dispuesto a tener una nueva vida. Ahora eres libre, más humano, vive esa libertad, renacido, tan ligero, tan feliz.

Sanar las heridas

Identifica una herida del pasado que aún genere dolor en tu interior, en tu mente. Asegúrate de saber cuándo ocurrió el suceso que te lastimó, cómo y bajo qué circunstancias. Trata de comprender cómo sucedieron las cosas y por qué te sentiste tan lastimado, entiéndelo y prepárate para perdonarlo en este momento: visualízate en ese ayer, conversa contigo, explícate las cosas que hoy entiendes y ayuda a esa imagen tuya a perdonar en el ayer. ENTIENDE QUE NADA DE LO QUE HAYA OCURRIDO ANTES TIENE EL PODER DE DESTRUIRTE SI TU NO LO PERMITES. ESTAS VIVO. VIVE.

Yo ideal *versus* yo real

Toma una hoja de papel y divídela en dos columnas. En una de ellas escribe las cosas que haces, las que sientes y piensas cuando te permites ser tú mismo. En la segunda, escribe lo mismo pero cuando te reprimes, cuando te engañas o finges, cuando engañas a los demás.

Compara el contenido de las dos columnas, los sentimientos que surgen en ti al ver las diferencias, los pensamientos que atraviesan tu mente, las sensaciones de libertad, de alegría, en contraposición con las sensaciones de cansancio, de enajenación, de represión. Toma una decisión, actúa como mejor te sientas, con la libertad, la responsabilidad y la confianza de que eres tú y estás haciendo algo positivo con tu vida.

Date cuenta de que en ese trozo de papel está lo que quieres para tu vida. En tus manos está el poder de vivir según lo decidas y permitir a otros que te digan cómo quieren que vivas. Idealízate, pero no te engañes, plantéate mejorado y haz en la realidad algo para mejorar. PORQUE LA ÚNICA DIFERENCIA EXISTENTE ENTRE EL YO IDEAL Y EL REAL ES EL EMPEÑO QUE PONGAMOS PARA RESPONSABILIZARNOS DE NUESTRAS ACCIONES Y NUESTRO PROYECTO DE VIDA.

9
Un poco
de teoría

1. Definición del concepto del perdón

Es difícil definir con claridad un concepto que ha sido parcialmente abandonado por la psicología, quizá, como lo menciona Gómez del Campo (1997), por su cercanía a la experiencia religiosa o espiritual. Monbourquette (1995) afirma: "Que yo sepa, ninguna de las grandes escuelas de psicoterapia ha intentado nunca dar una explicación de la eficacia curativa del mismo; tampoco han pensado en conceder un lugar al perdón en su concepción de la personalidad". McCullough (1994) refiere que "perdonar recibe poca atención de muchos profesionales no religiosos y requiere gravemente ser investigado". Suponiendo entonces que el perdón es una cuestión relegada al contexto religioso y con poca investigación que le sustente dentro del contexto psicoterapéutico, será difícil definir un término que se asocia a un sinnúmero de experiencias emocionales cuantitativa y cualitativamente diferentes.

Monbourquette (1995) menciona que el perdón no significa una negación de lo que ha sucedido, no es una experiencia que tenga que ver con la capacidad de memoria y olvido, "pues aunque fuera posible olvidar el suceso desgraciado, ello nos impediría perdonar, porque no sabríamos qué perdonábamos"; de igual manera, el perdón no puede ser una obligación, pues el perdón o es libre o no existe, y si acaso se le reduciese como cualquier otra práctica espiritual a una obligación moral, sería una acción contraproducente, porque el perdón perdería su carácter gratuito y espontáneo.

Así pues, el perdón no lo son tampoco las siguientes acciones: sentirse como antes de la ofensa, renunciar a nuestros derechos, o a la aplicación de la justicia, disculpar al otro, demostrar superioridad moral o traspasar la responsabilidad al otro o a Dios (Monbourquette, 1995). Perdonar por conveniencia, sin convicción, porque no se ve otro remedio, sin mostrar cambios positivos, con resentimiento o sin confianza, son acciones inútiles que tampoco llevan a una experiencia real de perdón y no pueden asociarse con el mismo (Barbosa, 1997).

Por otra parte, el *Diccionario Universal Webster* define al perdón (*forgive*) como la acción de detener sentimientos de ira en contra de alguien por agravios cometidos; una definición más (Pardon) se pronuncia por dejar sin castigo, o levantarlo.

En términos filosóficos se define que el "perdón, en principio, no es una palabra llena de misterios. La usamos con tanta profusión que la consideramos familiar; un útil a mano que sirve, diariamente, no sólo a la comunicación sino para calmar o equilibrar estados de ánimo" (Sádaba, 1997). Si se busca encontrar el nacimiento del término, la tarea se dificulta pues "si rastreamos sus orígenes chocamos con significados que oscilan entre la alabanza, la ayuda o el favor. Pero las oscilaciones son propias de cualquier término. Su significado latino (*perdonare*) nos ha llegado como una pieza de borrador, un medio para saldar una deuda" (Sádaba, 1997) y además se asocian a él "la misericordia, la gracia, la clemencia y un sinnúmero nada despreciable de conceptos [que] se consideran términos de la familia del perdón. Por no hablar de la amnistía o el indulto" (Sádaba, 1997); aunque pese a la sencillez aparente en su definición teórica, en la práctica, insiste Sádaba (1997), "el perdón, cuando empieza a enseñar su rostro entero, se hace cambiante, ambivalente, lejano y oscuro". Oscuridad que se patentiza "desde que Butler propuso su conocida definición, y según la cual el perdón es la supresión del resentimiento, [y a partir de la cual] el dilema del perdón no ha hecho sino dar dolores de cabeza a los filósofos morales. Si el perdón es merecido, entonces no hay perdón sino justicia. Y si no es merecido, entonces lo que tenemos es injusticia" (Sádaba, 1997).

Para McCullough (1997) "perdonar es una transformación motivacional que inclina a la persona a inhibir respuestas destructivas en sus relaciones y a tenerlas constructivas respecto de quien ha sido destructivo en su contra".

Sin embargo, con el objeto de estudiarle más de cerca y en la práctica clínica, se le definirá como la conciliación existente entre sentimientos y pensamientos negativos y la experiencia vivida de la persona en pro de asumirlos con responsabilidad para integrarlos en una nueva experiencia, ahora de carácter positivo que aleja el carácter negativo del sufrimiento de la vida de la persona, sin perder de vista que "no hay una medida del sufrimiento para todo el mundo: lo que a uno apenas le afecta, al otro le proporciona un sufrimiento insoportable" (Dobber, 1994).

2. El contexto del perdón

Si bien es difícil definir un término tan ambiguo como el perdón, es más sencillo si se le sitúa dentro de un contexto específico. Aunque lo anterior podría desviarnos, al grado de olvidarnos del proceso para centrarnos sólo en aquello concerniente al contenido. Así, siendo el perdón una experiencia que contempla y hace uso de todo lo anterior, no podría excluírsele de donde exista un ser humano, pero podría delimitarse su campo de acción argumentando que éste se otorga y se pide sólo en aquellas relaciones en las que existe un vínculo emocional más o menos profundo.

El perdón podría delimitarse, pero ello nos enfrentaría a un conflicto de carácter moral que redundaría en infinidad de cuestionamientos: ¿perdonar a quién?, ¿al cercano o al lejano?, ¿al que se ama o al que se odia?, ¿al que se quiere o a quien lo pide?, ¿a quien nos ha herido o a quien sólo se supone o atribuye que nos ha herido?...

Si la lógica del perdón se convierte en una lógica determinista, con suma facilidad el perdón se convierte, como dice Sádaba (1997), en un verdadero perturbador, que podrá dejarnos atónitos y sin saber qué hacer. Un camino indica que la respuesta podría encontrarse perdonando, como un acto de compasión, entendiendo que "la compasión brota ante ese mal que ciertamente padece el otro, pero del que cabe esperar que lo padezca uno mismo. [Porque] siempre nos apiadamos de lo que nos concierne" (Arteta, 1997).

Si el contexto del perdón es el mismo que concierne a la compasión o al amor, o al respeto o a cualquier valor de la condición humana, podría trabajarse sobre una base de experiencias que podrían facilitar nuevas experiencias. Si se toma como ejemplo a la compasión y se pretende buscar el nacimiento del perdón, podrá con justa razón decirse que el perdón hacia el otro surge precisamente de la fantasía de saber que alguna vez seremos nosotros mismos quienes le requiramos.

El problema radica en la moral, porque "en el perdón queda en suspenso el juego de las reciprocidades propio de la moral. En el perdón se encuentra en estado desnudo una persona frente a otra. En el perdón, el que perdona se coloca por encima del juego moral" (Sádaba, 1997). Así contemplado, "el perdón no es clemencia, [porque] la clemencia opera "de arriba abajo". [Entonces resulta que] el perdón se da entre iguales" (Sádaba, 1997). V. Jankekevich dice que "el perdón está precisamente ahí para perdonar lo que ninguna excusa podría excusar: porque no hay falta tan grave que no se pueda perdonar como último recurso" (Sádaba, 1997).

Para Erving y Miriam Polster (1994) "al nacer empieza el inevitable conflicto, que dura mientras uno vive, entre tomar la vida tal como es o cambiarla"; igual podría decirse del perdón: al existir un acontecimiento o situación que deba perdonarse, empieza el inevitable conflicto, que dura mientras uno perdona y aún desde un antes y un después, entre perdonar y no hacerlo.

Cierto es, según lo dice Sádaba (1997), que necesitamos dar y recibir perdón, comprendernos como seres que perdonan y a los que se les perdona, pero no podemos hacerlo por el simple hecho de que nos proyectamos en el otro o porque nos comparamos con él. Debe existir una conciencia que no es puro reflejo de uno mismo, sino consecuencia de la elección de un modo de ser específico. Insiste Sádaba (1997) en que la actitud auténtica supone que nos afirmamos a nosotros mismos con seriedad y responsabilidad.

De tal suerte, el perdón necesita un contexto en el que la persona está dispuesta a perdonar porque así lo decide, de manera responsable, seria y humana, ya lo dice Piaget: "el perdón es un acto propio de personas que han llegado a una auténtica madurez".

3. Algunos factores que facilitan el proceso de perdón

Sádaba (1997) se refiere a la virtud mencionando que "tiene un buen carácter siempre que tomemos la virtud no como un acto aislado, sino como un hábito conseguido por medio de la repetición de actos. Por eso suele definirse la virtud como disposición de las capacidades cognitivas y emocionales para conseguir el bien".

Considerando al perdón como virtud sabremos que no se trata de un acto o fenómeno aislado, sino de un logro conseguido como meta que llega después de involucrarse y disponer tanto de emociones y pensamientos que trabajan para obtener un bien o beneficio emocional. Un beneficio que sana a aquel que perdona.

Ahora bien, si es cierto que el perdón se constituye como un proceso, es cierto también que no se presenta como un acto automático o inconsciente. Si tal proceso se define por las acciones que el perdonante lleva a la práctica, entonces éste debe atender a las propias necesidades, enunciándolas con claridad, para descubrir cuáles son sus direcciones personales y exclusivas que permitirán obtener lo que se desea (Polster, 1994), en este caso, el perdón.

Así contemplado, algunos factores que facilitan su obtención, son los siguientes:

Poseer una actitud comprensiva. Una actitud que no será exclusiva para la persona que perdona o recibe el perdón, sino para todas las que le rodean y se involucran con la misma. Entiéndase aquí la comprensión como lo hace Polanyi, "como un "proceso de *comprender*, de unir las partes inconexas en un todo que las comprende" (Polster, 1994).

Mirar más allá de la acción o persona a la que se perdona. De no ser así se incurriría en una acción reduccionista que no redundaría en un beneficio real o permanente. Considérese que el perdón es "una justicia que siempre mira hacia adelante, que únicamente contempla la parte buena de las personas, que no olvida la debilidad de los individuos" (Sádaba, 1997).

Mantener una postura de responsable sinceridad. Menciona Fromm (1993) que Freud dio una dimensión nueva a la cuestión de la sinceridad, la honradez y las relaciones humanas, porque con su teoría sobre los lapsos o deslices ha hecho que pierda sentido la excusa de "ha sido sin querer", la acostumbrada para indicar que la intención de uno no ha sido la aparente. Así, la persona que se involucre en un proceso de perdón no podrá justificarse en su renuencia al perdón, alegando inocencia o incapacidad.

Aceptar que hay partes de uno mismo que resultan desconocidas. Lo que permitirá incurrir con mayor facilidad en un proceso de autoanálisis que luego posibilitará vislumbrar las vías o caminos que redundarán en perdón. Para lo anterior, "sólo hace falta cierto interés y cierto valor para experimentar verdaderamente lo que ocurre dentro de uno mismo" (Fromm, 1993), valor que conlleva a reconocer y luego a la aceptación.

Aceptar y reconocer que sin el perdón "estaríamos condenados a elegir una de las cuatro opciones siguientes: perpetuar en nosotros mismos y en los demás el daño sufrido, vivir con el resentimiento, permanecer aferrados al pasado o vengarnos" (Monbourquette, 1997).

En general, el proceso de perdón se ve posibilitado cuando la persona manifiesta una actitud de apertura para conocerse a sí misma y los motivos conscientes e inconscientes que la impulsan para actuar. Somos pues, después de todo, artífices de nuestro propio sentido, de nuestra propia capacidad, de nuestro propio perdón. Y quien perdone habrá de ser responsable del sentido que le da al perdón, sea intencionado o buscado para sí mismo y luego para otros.

4. Elementos que dificultan el proceso de perdón

Es fácil equivocarse cuando se trata del perdón, quizá porque "hacemos de él un simple acto de voluntad, en lugar del resultado de un aprendizaje" (Monbourquette, 1995). Aprendizaje que será sencillo o difícil, dependiendo del proceso de la persona que pretende perdonar. Así, como dice Monbourquette (1997), "el proceso es más o menos largo en función de la herida, las reacciones del ofensor y los recursos del ofendido".

Sabemos que en todo proceso, trátese o no del perdón, se involucran factores que facilitan o dificultan el desenlace en la obtención de resultados. Algunos de los factores que dificultan el proceso de perdón son los siguientes:

Interpretar la ofensa, real o supuesta, como lo peor que pudo suceder. Para Auger (1993) "no son las cosas o las personas la causa de nuestra ansiedad, sino más bien las interpretaciones que nos formulamos a nosotros mismos de esas cosas y personas, las frases que interiormente nos decimos a nosotros mismos con ocasión de los diversos acontecimientos de nuestra vida". Esta actitud supondría la incapacidad de hacer frente al conflicto y colocaría a la persona que interpreta en la posición de jamás poder hacerlo debidamente. Además tal suposición se prestaría para estancar a quien la practique en condiciones que no le lleven a un desarrollo saludable, o en otras, que le lleven a incurrir y ser víctima de fenómenos patológicos (Fromm, 1993).

Carecer de motivación personal para lograr un cambio. Nadie puede perdonar por cuenta o en el lugar de otro, por tal razón será indispensable que el perdonante posea un grado elevado de motivación y conciencia que le facilite é impulse el perdonar a otros o a sí mismo. Como lo dice Fromm (1993): "En terapéutica, lo importante es que el paciente pueda movilizar su sentido de la responsabilidad y su actividad", y añade: "Para cambiar, el paciente necesita un fuerte impulso y una firme voluntad de cambiar" (Fromm, 1993).

Postergar el perdón como una acción futura o inalcanzable. Postergación que patentaría la incapacidad o el escaso deseo de hacer frente de manera responsable a una situación conflictiva que produce malestar en el presente de la persona. Postergación que delataría la desesperanza y desesperación de la persona que desea perdonar y no se atreve. Bien lo confirma Ortony (1996): "La desesperanza se centra en la presunta incapacidad de una persona para deshacer, [o] compensar, un acontecimiento negativo previsto o hacerle frente".

Sentirse indigno de perdonar o ser perdonado. Ya lo dice Goethe: "El peor de los males que le puede suceder al hombre es que llegue a pensar mal de sí mismo". No debe olvidarse que "la auto-estima es un concepto inherente a una sensación fundamental de eficacia y a un sentido fundamental de mérito, a la idoneidad y a la dignidad en principio" (Branden, 1995), y la persona que va a perdonar deberá sentirse con la capacidad y derecho suficiente para lograrlo y sentirlo.

No dar espacio a sentimientos positivos porque la parte emocional de la persona se encuentra repleta de negatividad. El perdón será un acontecimiento imposible en la vida de la persona cuando no exista espacio alguno para sentimientos positivos que den entrada al perdón. De ser así, según Gurméndez (1987), el sentimiento de dolor más difícil de sobrellevar será no poder olvidarlo y el dolor inolvidable podrá convertirse en odio y afán de venganza contra quien se atribuye la herida que no cicatriza, o podrá también constituirse en llaga permanente.

Permanecer en un estado de frustración e intolerancia continuo. La emoción caracterizada por la acumulación de frustraciones continuas o graves puede constituirse como rencor. El rencor hacia el otro o hacia uno mismo imposibilitará que puedan llevarse a la práctica acciones sanadoras que acerquen a las personas involucradas en una relación interpersonal frágil, que necesita atención y amor para volver a unirse o encontrarse.

Además de los anteriores factores, es importante considerar las actitudes, pensamientos o sentimientos que se reporten como obstructores o detentores de la meta que se ha trazado como objetivo terapéutico: el perdón. Sin ser extremistas, considérese que "en el perdón no debemos conformarnos con no vengarnos, sino que tenemos que atrevernos a llegar hasta la raíz de las tendencias agresivas desviadas para extirparlas de nosotros mismos y detener sus efectos devastadores antes de que sea demasiado tarde" (Monbourquette, 1997).

5. Etapas contenidas en el proceso del perdón

Para cada autor, el proceso de perdón se desglosa en unas u otras fases o etapas; sin embargo, todos ellos coinciden en que el perdón es la integración de un pasado rechazado y dolido, con la responsabilidad de un presente que se asume y vive con mayor dignidad y sentido, haciendo a un lado el temor.

Se mencionan a continuación las etapas contenidas en el proceso de perdón, según algunos autores:

1. Decidir no vengarse y hacer que cesen los gestos ofensivos
2. Reconocer la herida y la propia pobreza interior
3. Compartir la herida con alguien
4. Identificar la pérdida para hacerle el duelo
5. Aceptar la propia cólera y el deseo de venganza
6. Perdonarse a sí mismo
7. Empezar a comprender al ofensor
8. Encontrar el sentido de la ofensa en la propia vida
9. Saberse digno de perdón y ya perdonado
10. Dejar de obstinarse en perdonar
11. Abrirse a la gracia de perdonar
12. Decidir acabar con la relación o renovarla

Jean Monbourquette (1997).

1. El reconocimiento de la herida
2. La decisión de perdonar
3. La toma de conciencia de la dificultad de hacerlo

4. El perdón en sí mismo
5. El examen de los nefastos efectos de la
   ausencia del perdón
   Doris Donneeley, en *Putting Forgiveness into Practice*
   (citado en Monbourquette, 1997).

1. La intención de perdonar la ofensa
2. La necesidad de revivirla lo más fielmente
   posible
3. El descubrimiento del nuevo sentido que
   adquieren la herida actual y las heridas del pasado
4. La reparación de la relación rota
5. La reintegración de las partes desorganizadas
   por la herida actual y las heridas del pasado
   David Norris, en *Forgiving from the Heart* (citado
   en Monbourquette, 1997).

1. Sentir dolor
2. Odiar
3. Sanar
4. Reconciliarse
   Lewis Smedes en *Forgive and Forget* (citado en
   Monbourquette, 1997).

1. El rechazo
2. La cólera
3. El regateo
4. La depresión
5. La aceptación
   Matthew y Dennis Linn en *La guérison des souvenirs*
   citado en Monbourquette, 1997).

Beneficios del perdón

Con seguridad y en general, el argumento ofrecido a los pacientes cuando se deciden por un proceso de perdón, consiste en una serie de beneficios que podrán obtenerse al final e incluso durante el proceso mismo. Puede decirse que mejorará la relación consigo mismo, con los demás, con el mundo y con toda relación que resulte de los involucrados y sus recursos y carencias. McCullough (1994) globaliza a la perfección lo que se quiere decir cuando menciona que "los supuestos beneficios del perdón incluyen un cambio positivo en afecto y bienestar, mejora mental y salud física, restauración de un sentido de poder personal, y reconciliación del ofendido y el ofensor". Por no hablar del aumento en la autoestima de la persona y el abandono paulatino de conductas agresivas hacia otros y hacia sí mismo, así como la desaparición del sentimiento de culpabilidad que orilla a la persona a permanecer estática en torno a los cambios positivos que podría realizar en sus relaciones.

El trabajo del terapeuta en torno al perdón

Es importante considerar las habilidades mínimas indispensables que requiere el terapeuta para ayudar a otros en sus procesos de perdón. Tales habilidades no serán difíciles de reconocer, ya que no se refieren sólo a lo que al perdón concierne, sino a la práctica terapéutica: capacidad para escuchar, crear un clima de confianza, de aceptación incondicional, tener claridad antes de introducir el tópico a los clientes, saber que es un proceso revelador que toma tiempo y que se trabaja un asunto concreto a la vez, entre otros.

El terapeuta es un mediador y su rol es "ayudar a que ambas partes imaginen el perdón, para luego crear un camino hacia adelante que avance paso por paso. Los métodos utilizados por los mediadores para auxiliar a las partes en el perdón entre uno y otro no son fundamentalmente diferentes de aquellos utilizados para liberar la ira que bloquea los acuerdos" (Cloke, 1993). Pero para ser un buen mediador debe conocer "las etapas del perdón, los factores que afectan la habilidad para perdonar y los errores comunes al facilitar los procesos de perdón" (Rosenack, 1992).

Y no deberá olvidar el terapeuta que "la esencia de la psicoterapia, la relación entre terapeuta y cliente, proporciona al cliente una oportunidad para proyectar y sacar fuera del núcleo conflictos y patrones interpersonales en su vida. [Que] la aceptación incondicional por el terapeuta crea un clima para el cliente que facilita la liberación del resentimiento, el odio y la auto culpa, que es esencial para el proceso de perdón.

[Además de que] la experiencia de ser valorado en el presente puede dar al cliente permiso para perdonar lo que es pasado" (Benson, 1992).

Conclusión

Conclusión

Finalmente, ¿qué puedo decirte lector, para despedirme de ti? ¿Qué puedo decirte que tú mismo no puedas?

Tal vez sólo pueda regalarte un adiós sincero, cargado de buenos deseos y esperanza. Yo no puedo hacer nada por ti, pero confío y seguro estoy de que a partir de hoy tendrás menos motivos para lamentarte; confío en que mi diálogo contigo ha resultado en un desarrollo de tu diálogo contigo. Ese desarrollo del diálogo interno ha sido el objetivo de este libro; con esa capacidad de diálogo puedes resolver todos los problemas que se te presenten, con esa capacidad de diálogo puedes entender lo que antes no entendías y, sobre todo, puedes perdonarte y amar.

Es todo lo que tengo que decirte hoy: gracias por haberme permitido entrar en tu vida. Gracias por escucharme. Y tal vez, por qué no, hasta pronto.

Para cualquier comentario sobre este libro o recibir
información sobre talleres escriba, visite
www.perdonverdadero.com o escriba a la siguiente
dirección de correo electrónico:

ibarbosar@prodigy.net.mx

COLECCIÓN
SUPERACIÓN PERSONAL

COLECCIONES

Belleza
Negocios
Superación personal
Salud
Familia
Literatura infantil
Literatura juvenil
Ciencia para niños
Con los pelos de punta
Pequeños valientes
¡Que la fuerza te acompañe!
Juegos y acertijos
Manualidades
Cultural
Medicina alternativa
Clásicos para niños
Computación
Didáctica
New Age
Esoterismo
Historia para niños
Humorismo
Interés general
Compendios de bolsillo
Cocina
Inspiracional
Ajedrez
Pokémon
B. Traven
Disney pasatiempos
Mad Science
Abracadabra

Esta edición se imprimió en Julio de 2006. Acabados Editoriales
Tauro. Margarita No. 84 Col. Los Ángeles Iztapalapa México, D.F.